WELTERBE WARTBURG

Porträt einer Tausendjährigen

Welterbe Wartburg

Porträt einer Tausendjährigen

Herausgegeben von der Wartburg-Stiftung

Text Jutta Krauß – Fotografien Ulrich Kneise

SCHNELL + STEINER

Ulrich Kneise fotografierte mit Schneider-Objektiven an der Linhof-Technikardan.
Das Licht setzte er mit dedolights.

Die Deutsche Bibliothek – CIP-Einheitsaufnahme

Welterbe Wartburg : Porträt einer Tausendjährigen / hrsg. von der Wartburg-Stiftung. Text Jutta Krauß. Fotogr. Ulrich Kneise. - 1. Aufl.. - Regensburg : Schnell und Steiner, 2000
ISBN 3-7954-1221-8

Wir danken der Wartburg Sparkasse Eisenach
für ihre freundliche finanzielle Unterstützung

1. Auflage 2000

Satz, Lithoherstellung: Visuelle Medientechnik GmbH, Regensburg
Druck: Erhardi Druck GmbH, Regensburg
Printed in Germany – ISBN 3-7954-1221-8

Inhalt

Blick aus dem Helltal zur Wartburg
Sepiazeichnung von Carl Hummel, 1883

Geleit

Aus welcher Himmelsrichtung auch immer der Reisende sich dem thüringischen Eisenach nähert, zuerst und meist ganz überraschend erscheint vor seinen Augen dessen Wahrzeichen: die Wartburg. Majestätisch ragten Türme und Mauern auf der Felsenhöhe empor, lange bevor sich in ihrem Schutz und Schatten aus der dürftigen Siedlung Isenaha die Stadt entwickelt hatte.

Der heutige Betrachter möchte den mittelalterlichen Erbauern ein feines ästhetisches Empfinden zusprechen, daß sie gerade diesen Gipfel wählten und mit ihrer einzigartigen Schöpfung bekrönten. Und er ist weiter geneigt zu glauben, jener Schöngeist habe sein gelungenes Werk begleitet, bewahrt und gesegnet mit Idealen aus allen zehn Jahrhunderten, die an ihm vorüberzogen.

Verfolgen wir die Geschichte der Burg von ihren Anfängen bis zur Gegenwart mit der Kenntnis des modernen Historikers, dann stellen sich viele Ereignisse nüchterner dar, wird manche der liebenswerten Sagen, Legenden und Mythen entzaubert. Was dennoch bleibt, ist eine beispiellose Aufeinanderfolge und Konzentration nationaler und kultureller Denkwürdigkeiten. Betrachten wir ihre Architektur mit den Augen der Bauforscher und Kunsthistoriker, dann ist es weniger die mittelalterliche Burg, die die meisten gern in ihr sehen möchten. Vielmehr erschließt sich uns ein Ensemble, an dem fast alle Zeiten mehr oder minder kreativ mitwirkten und zum Teil einmalige künstlerische Leistungen erbrachten.

Unser heutiges Verständnis prägte vor allem das 19. Jahrhundert und seine Romantik, die Wahres und Phantasie, Bauwerk und Natur so aufeinander bezog, daß die Wartburg zur bekanntesten und beliebtesten Burg der Deutschen aufrückte.

I Geschichte und Geschichten

„Wart' Berg, du sollst mir eine Burg werden!"

„Es war Graf Ludwig, zubenamt der Springer, ein mächtiger Herr in Thüringen. Als derselbe einstmals am Inselberge jagte, traf er ein Stück Wildes, das er eifrig verfolgte, und ihm nachritt bis an das Flüßchen Hörsel, und bis gen Nieder-Eisenach, und von dannen wieder bis an den Berg, darauf jetzt die Wartburg steht. Dort blieb er und wollte warten, wo das Wild aus dem Walde lief, betrachtete derweil die schöne Gegend und vornehmlich den steilen Felsenberg, und dachte bei sich selbst und sagte: 'Wart' Berg, du sollst mir eine Burg werden!' So mit großer Lust, auf den Berg zu bauen, trachtete er auf Mittel und Wege, es füglich zu beginnen, denn der Berg gehörte den Herren von Frankenstein, welche nahe dabei schon eine Burg besaßen, der Mittelstein genannt (und war dieß vor der Wartburg die beste Burg in Thüringen), aber jenseits des Waldes bei Salzungen dicht über der Werra ihr Stammschloß hatten. Und der Graf hatte bei sich zwölf Ritter, tapfre freie Mannen, mit denen berieth er sich heimlich, als sie sich zu ihm gefunden hatten, wie er den Berg an sich brächte, und es ward also gehandelt, daß des Nachts vom Schauenberg, der dem Grafen eigen war, Erde in Körben auf den Wartberg getragen wurde und darauf gestreut, und der Graf schlug dann eine Burgfriede mit Gewalt auf, hinter der er sich verteidigen konnte. Bald kamen die Herren vom Mittel- und Frankenstein, konnten aber dem Grafen auf seiner Felsenveste nichts anhaben, verklagten ihn daher bei Kaiser und Reich, daß er sich des Ihrigen mit Gewalt freventlich anmaße. Auf des Reiches Befragen entgegnete der Graf: Er habe die Burg auf das Seine gebaut, wolle sie auch nach Urtheil und Recht, seines Verhoffens, wohl behalten. Darauf erkannte das Reich, so er mit zwölf redlichen Männern beweisen und beschwören könne mit leiblichem Eid, daß das Land, worauf er gebaut, sein wäre, solle er es behalten. Da erkor der Graf seine zwölf Ritter zu Eideshelfern, trat mit ihnen auf den Berg, steckten ihre Schwerter in die zuvor hinaufgetragene Erde und schwuren, daß ihr Herr, Graf Ludwig, auf dem Seinen stände, und schon vor Alters dieser Boden (nehmlich der hinaufgetragene) zum Lande und zur Herrschaft von Thüringen gehört habe. Damit behielt er den Berg... Also ward die Wartburg gebauet und das jetzige Eisenach begründet und mit Mauern umgeben."

Die Gründung der Wartburg, Fresko von Moritz von Schwind, 1854

Niedergeschrieben wurde diese Gründungssage der Wartburg im 19. Jahrhundert von dem bekannten Thüringer Märchen- und Sagendichter Ludwig Bechstein. Seine Quelle, die „Düringische Chronik“ des Klerikers Johannes Rothe aus dem frühen 15. Jahrhundert, gibt auch das Jahr des Geschehens an: „noch Christus gebort tußend 67 jar“.
Es ist kaum denkbar, daß die genaue Datierung des Chronisten auf ein originales Schriftstück, etwa eine Urkunde, zurückzuführen wäre. Derartiges existiert für die allerwenigsten mittelalterlichen Burgen, deren Ursprung und Aufbau in der Regel nicht nachzuvollziehen sind. Dennoch zeichnet die Überlieferung ein vermutlich wirklichkeitsnahes Bild. In seinem Buch vom Sachsenkrieg beschreibt der Domgeistliche Bruno von Merseburg Schlacht und Niederlage König Heinrichs IV. im Januar des Jahres 1080 in der Nähe von Flarchheim. Auf seinem Rückzug nach Süden wollte sein geschlagenes Heer schließlich „ermattet bei einer Burg Namens Wartberg“ ausruhen, als es gerade von dort aus überraschend angegriffen, geplündert und wiederum in die Flucht geschlagen wurde. Der königsfeindlichen Position des nicht genannten Besitzers ist zugleich die literarische Ersterwähnung der Burg zu verdanken – eine Marginalie nur.

Wie in der Sage richtig wiedergegeben, war sie nicht die erste Befestigung in der Region, die jener Graf Ludwig sein eigen nannte. Die heute nahezu verschwundene Schauenburg – nach ihrer Lage auf hohem Felsrücken der Wartburg ganz ähnlich – ging auf eine Gründung seines Vaters oder Großvaters, Ludwig des Bärtigen, zurück. Dieser hatte damit ein südöstlich von Eisenach gelegenes Siedlungsgebiet um den heutigen Ort Friedrichroda gesichert. Als Lehnsherr des Mainzer Erzbischofs Bardo tauchte der Stammvater um 1040 im Thüringischen auf und verstand es in recht kurzer Zeit, seinen hiesigen Status vor allem durch Heiratspolitik zu festigen. Ehrgeiziger noch schien der erstgeborene Sohn oder Enkel Ludwig, dessen Machtstreben durch die Wirren des Investiturstreites begünstigt wurde. Nach der Errichtung der Wartburg ließ er um 1085 die Gründung seines Hausklosters Reinhardsbrunn folgen, und noch vor 1100 krönte er den durch Heirat hinzugewonnenen Besitz an der Unstrut mit dem Bau der mächtigen Neuenburg.
Aber auch Landraub und Mord waren ein nicht unübliches Mittel auf dem Wege zur Macht. Für eine solche ihm nachgesagte Untat auf dem Giebichenstein bei Halle gefangengesetzt, soll sich Graf Ludwig durch einen kühnen Sprung aus dem Fenster seines Verlieses hinab in die Fluten der Saale befreit und dadurch den Beinamen „der Springer“ erhalten haben. Obwohl einige der historischen Versatzstücke stimmen, hat sich die Sage sicher der fränkischen Herkunft Ludwigs – des „Saliers“ – erinnert, daraus den lateinischen Namen „Saltator“ konstruiert und verdeutscht. Der Überlieferung zufolge bewog ihn schließlich die Reue zur Stiftung des Klosters, wo er 1123 hochbetagt und in den Mönchsstand übergetreten sein Leben beschloß.
Die Geschichtsschreibung bezeichnete das aus der Maingegend um das heutige Aschaffenburg stammende Grafengeschlecht später nach dem immer wiederkehrenden Namen „Ludwig“ für die erstgeborenen Söhne als die „Ludowinger“.

Sind dank der Chronisten aus Reinhardsbrunn, Erfurt und Eisenach zumindest Eckdaten und Begebenheiten aus ihren Biografien bekannt, so schweigen die Quellen über Gestalt und Umfang der ursprünglichen Wartburg. Ihren Namen verdankt sie mit Sicherheit nicht dem kreativen Wortspiel, sondern eher einer einstigen Warte am gleichen Ort. Nach Rothe, dem womöglich noch ältere Kenntnis geläufig war, hat Graf Ludwig „einen Bergfried vorn und den anderen hinten und mitten darin die husung aufgeschlagen". Danach handelte es sich offenbar zunächst um eine einfache hölzerne Befestigung mit einem Wohnhaus oder -turm. Daß ihre Lage in etwa schon der späteren Burg entsprochen haben muß, erzwingt die Topographie des Baugeländes, während der bezeugte Überfall auf die königlichen Truppen bereits auf eine gut bewehrte und ausgebaute Burg von erheblichem Fassungsvermögen hinzuweisen scheint.
Der Aspekt der „Uneinnehmbarkeit" spielte bei der Wartburg zweifellos eine wichtige Rolle. Dabei sind die militärischen Möglichkeiten, wie sie bei der Mehrzahl von Höhenburgen gegeben waren, im Überschwang der Ritterromantik des 19. Jahrhunderts allerdings lange überschätzt worden. Zwar lag die Wartburg nahe wichtiger Handels- und Heerstraßen, wie der via regia, eine wirksame Kontroll- oder gar Sperrfunktion wäre von der Burg aus aber schwierig oder gar unmöglich gewesen. Zwar gestattete die exponierte Lage die weite Sicht in die Umgebung, doch der praktische Nutzen lag weniger im Sehen als im Gesehen-werden und in dessen psychologischer Wirkung. Dem Erbauer ging es vor allem um regionale Omnipräsenz, um ein beeindruckendes und Respekt gebietendes Zeichen seiner Herrschaft, das nicht die feindliche Angriffslust schüren, sondern vielmehr einschüchtern und abschrecken sollte.

Am Hofe der Thüringer Landgrafen

Während man über Ludwig den Springer und die nachfolgenden Generationen doch vieles zu erzählen weiß, bleiben die Bauten der Wartburg lange im Nebel des Mittelalters verborgen. Vorübergehend gelangte sie sogar in fremde Hände, während sich die Ludowinger neben anderen einheimischen Adelsgeschlechtern am zähen Kampf um die Vorherrschaft in Thüringen beteiligten. Durch wohlkalkulierte Familienpolitik gelang ihnen aber die Erweiterung von Einfluß und Besitz, der sich bald auch auf hessische Gebiete ausdehnte, als ihnen um 1130 ein Großteil des gisonischen Erbes zufiel.
Der erstgeborene Sohn des „Springers" – wiederum Ludwig genannt –, sowie sein Bruder verteidigten ihre Interessen gegen die Reichsansprüche Kaiser Heinrichs V., unterstützten vermutlich die Wahl des Oppositionskönigs Lothar von Supplinburg und zogen daraus um 1130 den entscheidenden Gewinn: die Würde der Landgrafen über Thüringen. Der neugeschaffene Titel, vergleichbar etwa dem Status eines Herzogs oder Markgrafen, hob den Träger über die zahlreichen thüringischen Adelsherren hinaus, bedeutete aber nicht ihre uneingeschränkte Beherrschung. Den sozialen Aufstieg in den Reichsfürsten-

stand begleitete wiederum die Einheirat in einflußreiche Adelsgeschlechter. Nachdem Ludwig II. um 1150 Jutta, die Nichte des Stauferkönigs Konrad III. geehelicht hatte, avancierte er fünf Jahre später unversehens zum Schwager des nunmehrigen Kaisers Friedrich Barbarossa und wurde dessen treuer Weggefährte. Die verwandtschaftliche Beziehung zu den Staufern mochte für den Ausbau der ludowingischen Landesherrschaft und vor allem für die kulturelle Entwicklung an ihrem Hof eindeutige Weichen gestellt haben.
Ludwig II., „der Eiserne", gebot mittlerweile über weite Teile im westlichen und nördlichen Hessen mit dem Zentrum Marburg und dem Reichslehen Kassel als Stützpunkt gegen den Mainzer Erzbischof, über ausgedehnte Besitzungen im west-, nord- und ostthüringischen Raum sowie zahlreiche Exklaven an Rhein, Lahn, Sieg und entlang von Unstrut und Saale. Zeitweilig gehörten zum landgräflichen Einflußbereich auch umfangreiche niedersächsische Gebiete um Göttingen und Duderstadt. Wenigstens 30 Städte innerhalb dieser Territorien gehen auf ludowingische Gründungen zurück. Zu den ältesten gehören Kassel, Hannoversch Münden, Creuzburg und Breitungen an der Werra, Eisenach an der Hörsel, Gotha und Schmalkalden. Unter den Klöstern behielten die Benediktiner in Reinhardsbrunn, denen auch die Schauenburg übereignet worden war, ihre bevorzugte Stellung als geistiges und religiöses Zentrum und als Grablege. Die Zahl der landgräflichen Burgen wurde im Thüringer Raum noch unter Ludwig II. um die nahe gelegene und 1170 erworbene Creuzburg, um die Eckartsburg und die während der 1160er Jahre auf halben Wege zwischen Wartburg und Neuenburg errichtete Burg Weißensee vermehrt.
Etwa zu gleicher Zeit dürfte der repräsentative Ausbau der Wartburg fast vollendet gewesen sein. Ihre zentrale Lage innerhalb der ludowingischen Herrschaft zwischen Rhein und Saale prädestinierte sie als Hauptsitz der Landgrafen. Aus einer anfangs eher primitiven Grenzfeste erblühte allmählich eine fürstliche Residenz, wehrhaft und verteidigungsfähig zwar, aber zugleich von höchstem ästhetischen Anspruch und weit mehr den staufischen Kaiserpfalzen vergleichbar als einer schmucklosen Ritterburg. Beeindruckendster Zeuge jener entscheidenden Bauphase ist der Palas. Ausgewogenheit und Harmonie der Architektur sowie künstlerische Vollendung der reichen Kapitellplastik weisen ihn als ein Musterbeispiel spätromanischer Architektur aus, das in unseren Breiten seinesgleichen sucht. Vor allem war dieses Bauwerk Statussymbol, der Landgraf sich seines Standes wohl bewußt und überaus sicher, Rang und Reichtum auf Dauer zu behalten. Bereits die Auswahl des Baumaterials – trotz des unmittelbar anstehenden Konglomeratgesteins der wertvollere Rhätsandstein aus Brüchen um Eisenach und marmorähnlicher Kalksinter aus Wasserleitungen der Römerzeit in der Eifel – spricht für die Extravaganz des Prachtbaues. Mit etwa 170 Kapitellen ließ er Außenbau und Innenräume schmücken. Ihre den sakralen und imperialen Bereichen entlehnten Motive und Ornamente legen Zeugnis davon ab, daß er seine Landesherrschaft für nicht weniger unantastbar hielt als die der Kirche und des Königtums. Das Geheimnis um die Herkunft der Schöpfer des Palas sowie seine Datierung wurden anhand stilkritischer Betrachtungen zumindest teil-

Grabplatte Ludwigs II. (des „Eisernen") gest. 1172

weise geklärt. Formensprache und künstlerische Handschrift weisen eindeutig auf eine Verwandtschaft mit Bauten am Niederrhein. Die motivische Ähnlichkeit von Kapitellplastik des Wartburgpalas und der um die Mitte des 12. Jahrhunderts entstandenen Doppelkapelle in Schwarzrheindorf bei Bonn scheint auf gemeinsame Vorbilder der ehemaligen Stiftskirche St. Servatius in Maastricht zurückzugehen. So mögen Steinmetze jenes Formengut nach Thüringen importiert und unter heimischen Einflüssen zu einem recht eigenständigen „Wartburgstil" entwickelt haben, der auch in der Eisenacher Nikolaikirche Anwendung fand. Jüngste dendrochronologische Untersuchungen an verschiedenen Deckenbalken bestätigten die sich daraus ergebende Datierung des Palas zwischen 1157 und – so man eine realistisch erscheinende Bauzeit von etwa zehn Jahren annimmt – 1170 und weisen damit Ludwig II. als Auftraggeber, Bauherrn und auch als Nutzer aus.
Vor allem an der Ostseite offenbart das Bauwerk seine Wehrhaftigkeit. Anstelle der üblichen Ringmauer scheint es unmittelbar aus dem steilen, felsigen Hang emporzuwachsen; der mächtige Sockel besitzt über einer Reihe von Schießscharten nur kleine, schmale Fenster, bevor sich die Baumasse endlich durch Bogenfenster auflockert. Die gastlich geöffneten Arkaden an der hofwärts gelegenen Westfassade hingegen lassen den Betrachter burgenhafte Enge und Eingeschlossenheit fast vollständig vergessen und vermitteln einen geradezu südländischen Zauber.
In der Tat ließen sich die Erbauer des Palas vom Typ der spätrömischen Portikusvillen Italiens inspirieren, wie man sie zu dieser Zeit aber auch noch in der Rheingegend um Köln fand. An das unwirtliche Klima und die heftigen Herbst- und Winterstürme auf steilem Bergsporn dachte dabei wohl niemand. Später waren den Bewohnern dann auch Behaglichkeit und Schutz vor den hiesigen Wetterunbilden mehr wert als die eleganten offenen Wandelgänge: bereits im 14. Jahrhundert wurden alle Arkaden zugemauert. Offenbar hat der Palas, der so bis in das 19. Jahrhundert als geschmackloser, steinerner Kasten galt, gerade dadurch die besten Überlebenschancen gehabt.

Grabplatte Ludwigs III. (des „Frommen") gest. 1190

„Wer ohrenkrank und nervenschwach, der meid' den Hof zu Eisenach..."

Der Sängerkrieg auf der Wartburg und Hermanns Musenhof

Einst trafen sich am Landgrafenhof sechs Sänger, um dem hohen Herrn ihre Künste vorzuführen – Heinrich der tugendhafte Schreiber, Reinmar der Alte, Biterolf, Wolfram von Eschenbach, Walther von der Vogelweide und Heinrich von Ofterdingen. Mit schillernden Versen warben sie um die Gunst des Fürsten, priesen ihn und sein Land. Nur einer von ihnen – der Ofterdinger – besang nicht den Thüringer Herrscher, sondern lobte seinen eigenen Herrn, den Herzog von Österreich. Es sollte sich alsbald zeigen, daß er mit einem gefälligeren Lied besser beraten gewesen wäre. Sein Vortrag nämlich galt als der schlechteste, er selbst als Verlierer des Wettsingens und sollte nun gemäß

Vereinbarung an den Henker, Meister Stempfel, übergeben werden. Mitleid hatte nur die gütige Landgräfin, deren Beistand sich Ofterdingen erbat, um den Magier und Dichter Meister Klingsor aus Ungarn herbeiholen zu dürfen. Seinem Urteil wolle er sich gern unterwerfen. So geschah es auch. Nach Jahresfrist erschienen beide erneut auf der Wartburg. Wieder entbrannte der Streit, fand aber durch Klingsors kluge Rede und Zauberei ein gutes Ende und rettete dem kühnen Sänger das Leben.

Miniatur aus der Großen Heidelberger Liederhandschrift des Rüdiger Manesse um 1314; Dargestellt sind Landgraf Hermann I., Landgräfin Sophie, die am Wettstreit beteiligten Sänger und Meister Klingsor aus Ungarn

Bis heute streiten die Gelehrten, inwieweit sich hierbei Dichtung und Wahrheit die Waage halten. Kein Zweifel besteht jedoch darüber, daß der Thüringer Landgrafenhof für ein Vierteljahrhundert das Zentrum der höfischen Hochkultur im deutschsprachigen Bereich bildete, und Hermann I. ihr bedeutendster und beständigster Förderer war.
Wendet man sich den faßbaren Anfängen des ludowingischen Interesses zu, so stößt man zunächst auf einen Diebstahl. Vermutlich auf der Hochzeit Ludwigs III. mit Margarete von Kleve im März 1174 bemächtigte sich der Bruder des Bräutigams heimlich eines noch unvollendeten Versromans – der „Eneide". Er war Margarete geliehen worden und sollte den Festgästen womöglich vorgelesen werden. Sein Verfasser, der Lothringer Heinrich von Veldeke, fand die vermißte Handschrift erst nach neun Jahren auf der Neuenburg an der Unstrut wieder. Dort gab sie ihm Hermann, zu dieser Zeit noch Pfalzgraf von Sachsen, zurück und bat den Dichter zugleich um ihre Fertigstellung. Dieser Bitte kam Veldeke nach, führte sein nun in hochdeutscher Sprache überarbeitetes Werk zu Ende und versah es mit einem Epilog, worin er der Nachwelt über die abenteuerliche Entstehungsgeschichte berichtete.
Mit der Berufung Veldekes nach Thüringen verlor die niederrheinische Kultur ihren herausragendsten Vertreter, während der Literaturbetrieb – oder besser: die „Gesellschaftsdichtung" am Landgrafenhof – zu ungeahnter Höhe und Qualität aufstieg. Wie die äußere Form des Palas, so dokumentierte auch das geistige Klima in seinem Innern die Epoche staufischer Kunst im besten Sinne.
Neben Veldeke als eigentlicher Stammvater der klassischen höfischen Epik, der „das erste ris in tiutscher zungen pflanzte", genossen bald auch ihr brillantester Gestalter, Wolfram von Eschenbach, und der namhafteste mittelalterliche Lyriker Walther von der Vogelweide die Förderung Hermanns.
Dessen bedürftig waren sie wohl alle drei. Walther beklagte sein fast lebenslanges und armes Wanderleben, bevor ihm Kaiser Friedrich II. auf viele Bitten hin um 1220 endlich das kleine heißersehnte Lehensgut übertrug. Ähnlich dürfte es auch dem unbegüterten Ministerialen Wolfram gegangen sein.
Dessen Hauptwerk, die Artusdichtung „Parzival" entstand mit des Landgrafen Unterstützung, der „Willehalm" war nachweisliches Auftragswerk Hermanns, der ihm auch, wie es im Prolog heißt, die französische Vorlage übergeben hatte. In den christlich-frommen Romangestalten des Werkes – der heidnischen und aus ihrer Liebe heraus zum Christentum bekehrten Gyburg und ihres Gemahls Willehalm – scheinen sich Züge der ihm gut bekannten späteren Landgräfin Elisabeth und des ihr innig zugeneigten Gatten Ludwig IV. wiederzuspiegeln. Auch der Dreibock wird im Roman erwähnt, eine Belage-

rungsmaschine, die Kaiser Otto IV. im Jahre 1212 – eventuell sogar das erste Mal auf deutschem Boden – gegen Hermann I. einsetzte. Überhaupt finden sich in den Dichtungen mehrfach Hinweise auf historisch gesicherte Ereignisse und gewähren vor allem Einblick in das lebendige Leben an Hermanns Hof. Obwohl die Freigiebigkeit und offene Hand des Fürsten gepriesen, der Mäzen als „Thüringens Blume“ genannt wird, die sommers wie winters ihre lobenswerten Blüten treibt, muss er sich auch manche Schelte gefallen lassen. So charakterisiert Walther das höfische Treiben nicht ohne Bitterkeit:

„Wenn einer ohrenkrank ist oder nervenschwach
        der meide, rat ich sehr, den hof zu eisenach
        sonst wird man sein gehör noch ganz zerstören
ich habe mitgedrängt, solange ichs ertrug
        ein gehn und kommen tag und nacht,
        und nie genug
        ein wunder, kann am end noch einer hören
und der Herr landgraf, er vertut
        mit seinen stolzen helden alles hab und gut
        mit alten kämpen, die das raufen lieben
        wie edel sein verschwendersinn:
        käm wein das fuder tausend pfund, er gäb es hin
        bei ihm ist nie ein becher leer geblieben...“

Ganz ähnlich empfand Wolfram von Eschenbach, wenn er in seinem „Parzival“ sogar die direkte Anrede gebraucht: „Fürst Hermann von Thüringen! Ich habe viele von Deinem Ingesinde kennengelernt, die man besser als Ausgesinde bezeichnen sollte ... Deine tatsächliche Großzügigkeit hat Dir einen sehr gemischten Anhang eingebracht, wo sich die Würdigen neben den Unwürdigen drängen. Deshalb mußte Herr Walther (sein Lied) 'Guten Tag, Böse und Gute!' singen. Wo man aber solches singt, da werden die Falschen geehrt.“

Hermanns beispielloses Mäzenatentum soll angeblich mit jugendlicher Erziehung und Studien in Paris ein gutes Fundament erhalten haben. Kenntnis und der Besitz verschiedener literarischer Stoffe aus der Antike in ihrer französischen Fassung versetzten ihn jedenfalls in die Lage, deutschsprachige Dichter zur Neubearbeitung anregen zu können. So erhielt auch der junge hessische Gelehrte Herbort von Fritzlar den Auftrag zu seinem Roman vom „Lied von Troja“ und Biterolf zu einem – allerdings verschollenen – „Alexanderlied“. Der in der Probstei Jechaburg bei Sondershausen dichtende Kleriker Albrecht von Halberstadt dagegen lag zwar mit seiner Bearbeitung der Ovid'schen „Metamorphosen“ innerhalb der antikisierenden Geschmacksrichtung des gepriesenen Landgrafen, verlieh damit jedoch einer Friedenssehnsucht Ausdruck, die der bei Hofe üblichen Verherrlichung von kriegerischen Heldentaten entgegenstand. Und gerade diese Themen waren es, die den höfischen Bedürfnissen gerecht wurden: Tugenden wie Kampfesmut, Treue, Maßhalten sowie Sittlichkeit wurden dort propagiert und galten als Gütezeichen des gesellschaftlichen Ansehens – der Ehre.

Heute zeichnet man vor allem Hermanns Liebe zu den schönen Künsten aus. Der strahlende Musenfreund hatte jedoch seine Schattenseite, in der er auch eine wenig ehrenvolle Politik betrieb. Berechnender Parteienwechsel, kriegerische Auseinandersetzungen und Zerstörungen kennzeichneten seine gesamte Herrschaftszeit und verhalfen am Ende nicht einmal zum Erfolg. Seine Untertanen stöhnten, sein Land lag am Boden. Eine Eintragung der Gattin Sophie in ihr Psalterbuch lässt die Sorge um das künftige Seelenheil des Fürsten erahnen. Noch zu dessen Lebzeiten hat sie danach inbrünstig gebetet, Christus möge Hermann, obwohl „er in viele Verbrechen und Sünden verstrickt ist“ vor seinen Gegnern schützen und ihm den Einzug in das Himmelreich nicht verwehren.

Der eingangs erzählte Sängerstreit – seine Datierung auf 1206 oder 1207 wurde Ende des 13. Jahrhunderts festgelegt – fußt auf einer Dichtung, die etwa ein halbes Jahrhundert später entstand und den Namen „Wartburgkrieg“ erhalten hat. Der unbekannte Verfasser verwob historische und fiktive Personen in ein recht sonderbares Erzählkonglomerat, deren Inhalt auf die Nachwelt jedoch eine bleibende Anziehungskraft ausübte und besonders durch die Romantiker popularisiert wurde. Die – sehr freie – Verarbeitung des Stoffes in Richard Wagners Oper „Tannhäuser oder der Sängerkrieg auf Wartburg“ trug seit ihrer Uraufführung Mitte des 19. Jahrhunderts wesentlich zur weltweiten Bekanntheit der Wartburg bei.

Miniaturen aus dem Landgrafenpsalter um 1210
oben: Landgraf Hermann und Sophia
unten: König Andreas II. von Ungarn und Gertrud

Fürstin, „Schwester in der Welt“ und Heilige – Elisabeth von Thüringen

Bleiben wir noch bei dem kunstsinnigen Landgrafen Hermann, dessen politische Ränkespiele weitgehend vergessen sind, obwohl gerade aus einem solchen auch das größte moralische Kapital der Ludowinger erwachsen sein dürfte: eine Heilige in der Reihe der Ahnen.
Hermanns Feindschaft gegenüber dem Stauferkönig Philipp von Schwaben gliederte ihn in die Reihe gleichgesinnter Gegner ein, allen voran die Wittelsbacher und Andechs-Meranier. Als der König in seiner Bamberger Pfalz 1208 einem Mordanschlag durch den Pfalzgrafen Otto von Wittelsbach zum Opfer fiel, galten die Brüder aus dem Hause Andechs, Bischof Ekbert von Bamberg und Heinrich von Istrien als Mitschuldige. Ekbert konnte sich der drohenden Exekution entziehen, indem er zu seiner Schwester Gertrud an den ungarischen Königshof floh. Daß Landgraf Hermann unbedingt zu den Nutznießern des Verbrechens gehörte, weil der vom König geplante und angekündigte Verwüstungszug durch Thüringen nun unterblieb, fiel schon damals auf und machte ihn der Mitwisserschaft, ja sogar der Anstiftung zum Mord verdächtig. Über seine mögliche Rolle ist jedenfalls gerätselt worden, zumal der Mörder ein Cousin seiner Gemahlin Sophie gewesen war; angeklagt wurde er nicht. Dagegen verdichtete sich genau zu dieser Zeit der verwandt-

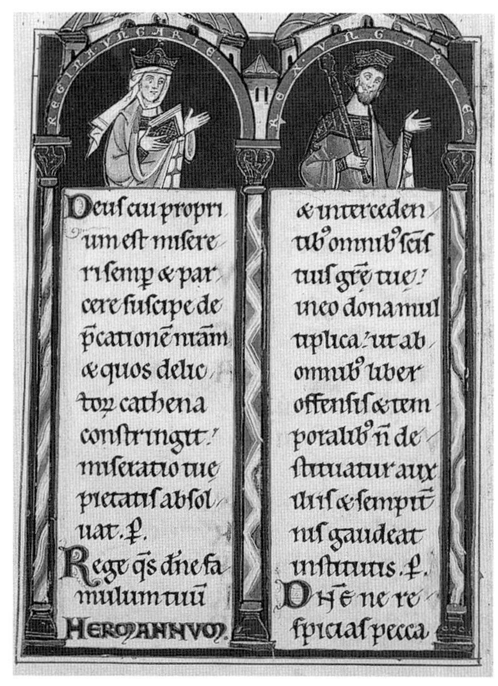

Heilige Elisabeth, süddeutsch, vermutlich Riemenschneider-Werkstatt, um 1500

schaftliche Schulterschluß mit einer von Ekbert geförderten Heiratsanbahnung zwischen der ungarischen Prinzessin und dem Landgrafensohn.

Gertrud von Andechs und ihr Gemahl, König Andreas II. von Ungarn, hatten gegen Hermanns Brautwerbung keine Einwände. Ihre vierjährige Tochter Elisabeth traf 1211 am Landgrafenhof ein, ausgestattet mit einem reichen Brautschatz und in Begleitung einiger Dutzend Diener und Gefährtinnen aus ihrer Heimat. Die Verlobung und die zehn Jahre später vollzogene Vermählung mit Hermanns Sohn Ludwig war gemäß der mittelalterlichen Tradition keine Liebesangelegenheit, sondern politisches Geschäft.
Daß Elisabeth in eine der besten Familien des deutschen Hochadels hineinwuchs, daß Luxus und Pracht das Leben am landgräflichen Hof regierten, und ihr als Königstochter und zukünftige Landesfürstin ein höchst angenehmes Dasein vorbestimmt war, lässt ihr selbstgewähltes Ideal von Askese und Barmherzigkeit noch sonderbarer und außerordentlicher erscheinen. Das war es in der Tat, obwohl das heute geläufige Elisabeth-Bild mit Sicherheit kein historisch wahrheitsgetreues ist, sondern eher einem Wunschbild gleichkommt, an dem Jahrhunderte gewirkt haben.
Als Abkömmling der Andechs-Meranier, die auf eine beachtliche Anzahl hochbegabter und außergewöhnlicher Persönlichkeiten verweisen dürfen – genannt sei nur ihre Tante, die besonders in Schlesien verehrte heilige Hedwig – war bei Elisabeth sicher eine starke religiöse Veranlagung vorhanden. Die frühe Trennung von ihren Eltern, die Entwurzelung aus ihrer Heimat, die Kenntnis von der Ermordung der Mutter, die Kontraste in ihrer Umwelt, jenes Gemisch aus naiver Rohheit und kultureller Überfeinerung, konnten bei dem sensiblen Kind, das Elisabeth nach zeitgenössischen Berichten war, Reaktionen hervorgebracht haben, die sie als Einzelgängerin, ja Exotin bezeichneten. Aus dem merkwürdigen frommen Kind, das sein ausgelassenes Spiel unterbrach, um in der Burgkapelle zu verweilen, wurde eine religiöse Märtyrerin. Aus den kleinen Almosen, die sie aus kindlichem Mitleid verteilte, wurde eine Armen- und Krankenfürsorge großen Stils und so verschwenderisch, daß man bei Hofe ihr Tun gewiss nicht nur für gut heißen konnte, sondern zu Recht um Hab und Gut fürchten musste. 1223 hatten sich in der nahen Stadt einige Franziskanerbrüder angesiedelt und berichteten vom Wirken des heiligen Franziskus von Assisi. Die Anschauungen und Ideale des italienischen Kaufmannssohnes, der aus religiöser Überzeugung den Bettelstab genommen hatte, bestimmten fortan auch Elisabeths Leben. Den Platz des Siechenhauses, das die Landgräfin im Hungerjahr 1226 am Fuße des Wartberges, auf dem Elisabethplan, errichten ließ, kennzeichnet heute ein Kreuz. Eine andere, demselben Zweck dienende Einrichtung, das bis in unsere Zeit bestehende Sankt-Annen-Hospital, gründete sie vor der Stadt. Die Stiftung solcher Häuser, die Almosenspenden an Bedürftige und Bettler gehörten zur üblichen Praxis des Adels. Den Dank erhoffte der Geber im Gewinn seines Seelenheils. Von einer Anerkennung jedes, auch des „minderen“ Individuums konnte im Mittelalter keine Rede sein; für eine soziale Ethik gab es allenfalls schwächste Ansätze. Daher mochte die Gestalt

Elisabeths vor dem Hintergrund ihrer privilegierten Welt und deren gesellschaftlichen Normen besonders leuchtend hervorgetreten sein, weshalb das Volk ihrem Tun die Aura des Ungewöhnlichen und Wunderbaren verlieh.
Mit Sicherheit beschwor ihre Verhaltensweise familiäre Konflikte herauf, die zum Beispiel in der Legende vom Rosenwunder anklingen. Danach soll sie einst Brot zu den Stadtärmsten getragen haben und begegnete auf dem Weg überraschend ihrem Gemahl Ludwig. Auf seine Frage, was sie unter ihrem Gewand verberge, antwortete sie, auf ein Wunder hoffend, es seien Rosen. Das Wunder geschah und soll den jungen Landgrafen von der Reinheit ihrer Seele überzeugt haben.
Vorwürfe und Hass auf seiten der Familie, Unterstützung und Liebe von ihrem Gemahl? Nach Hermanns Tod 1217 war der Hof verarmt. Der schillernde Kulturbetrieb war nicht zuletzt durch Verschuldung und Verelendung breiter bäuerlicher Schichten erkauft worden. Der junge Landgraf Ludwig erwies sich als umsichtiger Herrscher. Zwar schloss der Musenhof unter ihm seine Pforten, aber die Wohltätigkeit seiner Gemahlin duldete er nicht nur, sondern soll sie sogar unterstützt haben. Ohne jemals heiliggesprochen worden zu sein, trug er den Beinamen „der Heilige" – offenbar eine Volksmeinung.

Vō d hochzeyt sant elisab; mit irm hern

B ij

Wie Sankt Elisabeth Hochzeit hielt
Holzschnitt aus der Chronica Sankt Elisabeth des Dietrich von Thüringen 1520

Elisabeths Ehe war demnach glücklich, trotz eines ihrer Frömmigkeit entwachsenen Schuldgefühls, das sich in stundenlangen nächtlichen Gebeten, in selbstgewollter Askese und Züchtigung ausdrückte. Ludwigs Tod 1227 – er starb auf dem Kreuzzug an der italienischen Küste – bedeutete für sie eine Wende vom lebensbejahenden Irdischen zum Drang nach Selbstentäußerung, ja -vernichtung. Nun vollends beherrscht von ihrem Beichtvater Konrad von Marburg, einem ebenso fanatischen wie machtbesessenen Kleriker, der sich als Inquisitor durch ein besonderes Maß an Grausamkeit auszeichnete, verließ sie die Wartburg und trennte sich von ihren Kindern. Innerhalb einer klösterlichen Gemeinschaft verwendete sie ihr Wittum, um in Marburg ein weiteres Hospital zu finanzieren. Dort wirkte sie fort, dort starb sie, erst vierundzwanzigjährig, am 17. November 1231. Vier Jahre nach ihrem Tod wurde Elisabeth durch Papst Gregor IX. heiliggesprochen – auch für damalige Verhältnisse auffallend früh. Bekannt gewesen war sie vor allem in Thüringen und Hessen durch ihre Karitas zu Lebzeiten und durch die vielgerühmten Wunderheilungen an ihrem Grab.

Es ist nicht zu übersehen, daß dem zunächst schleppenden, dann fast überstürzten Kanonisationsprozeß lokalpolitische Interessen der landgräflichen Familie und die Machtpolitik des Deutschen Ordens zugrunde lagen. Nach Elisabeths Tod war ihr Marburger Hospital in die Hände dieses Ordens übergegangen, in dem ihr Schwager, Konrad von Thüringen, später das Hochmeisteramt bekleidete. Für beide Seiten war die beantragte Heiligsprechung eine Prestigeangelegenheit.
Gleichwohl ist Elisabeth nicht nur die populärste deutsche Heilige geworden, sondern auch eine der wenigen, deren Andenken die Heiligenstürmerei der Reformation überdauert hat, und um deren moralischen Besitz sowohl die katholische wie auch die protestantische Kirche bemüht sind.

Landgraf Heinrich Raspe IV. (?)
Mitteldeutschland, um 1300

Drei Kinder gingen aus Elisabeths und Ludwigs Ehe hervor. Die älteste Tochter Sophie heiratete den Herzog von Brabant, die jüngere Gertrud, beim Aufbruch ihres Vaters in den Kreuzzug noch nicht geboren, wurde später Äbtissin des Prämonstratenserinnenklosters Altenberg bei Wetzlar. Mit dem Sohn Hermann aber schien zumindest die Erbfolge der Ludowinger gesichert, bis ihn im jugendlichen Alter von 18 Jahren ein mysteriöser Tod ereilte. Sofort erinnert man sich, wie wenig Sympathie die landgräflichen Verwandten seiner Mutter zu Lebzeiten entgegengebracht hatten. Der Legende zufolge war sie nach Ludwigs Tod durch ihren Schwager Heinrich Raspe von der Wartburg vertrieben worden. Vom Schicksal gefügt konnte er den Thüringer Landgrafenstuhl besteigen, und es lag wohl kaum in seinem Interesse, diesen wieder an den mündigen Neffen abzutreten.
Der Landgraf, ehrgeizig wie seine Vorfahren, wurde 1242 von Kaiser Friedrich II. als Reichsverweser eingesetzt, wandte sich jedoch bald der päpstlichen Gegenseite zu und sah dadurch im Mai 1246 den kühnsten Traum verwirklicht: die deutsche Krone. Freilich versagten die weltlichen Landesherren dem allein von den Kirchenfürsten gekürten „Pfaffenkönig“ die Anerkennung. Aber auch die Zeit ließ ihm keine Chance, sich des Titels würdig erweisen zu können. Bei der Belagerung von Ulm im Januar 1247 verwundet, bewältigte er noch die Rückkehr zur Wartburg, wo er bald darauf starb.

Im Besitz der wettinischen Kurfürsten

Nach dem Tod des letzten Vertreters der männlichen Linie stand nun das ludowingische Erbe zur Disposition. Acht Parteien machten ihre mehr oder minder berechtigten Ansprüche geltend, wobei Elisabeths Tochter, Sophie von

Brabant, und der Markgraf von Meißen, Heinrich der Erlauchte, die beiden Hauptkontrahenten waren. Obgleich sie die Interessen des jeweils Anderen durchaus zu akzeptieren bereit waren, entbrannte ihr Streit gerade um das Grenzland zwischen Thüringen und Hessen und damit um Eisenach und die Wartburg. Erst nach harten militärischen Auseinandersetzungen, bei denen die Stadt Creuzburg eingeäschert, später auch Gegenden um Naumburg und Merseburg verwüstet wurden, kam es 1263 zur Einigung.
Der hessische Besitz ging in die Hand der Brabanter über und erhielt 1292 den Status eines Reichsfürstentums. Thüringen wurde nach einer früheren Eventualbelehnung durch den Markgrafen von Meißen übernommen und damit wettinischem Herrschaftsgebiet eingegliedert. Heinrich – selbst Kreuzfahrer, Minnesänger und einer der interessantesten Gestalten des Mittelalters – teilte den neuen Besitz unter seinen beiden Söhnen Albrecht und Dietrich auf, wobei ersterem Thüringen und die Pfalzgrafschaft Sachsen zufielen. Die Wartburg, obwohl infolge der neuen Verhältnisse wieder an die eigentlich undankbare Randposition gedrängt, erfuhr jedoch auch unter dem Wettiner ungebrochene Wertschätzung. Albrecht, dem Volksmund und Geschichtsschreibung den wenig schmeichelhaften Beinamen „der Entartete“ beigaben, hielt sich hier sogar öfter als alle seine Vorgänger auf. Seine Handlungs- und Lebensweise allerdings entsprach durchaus seinem Ruf, so daß die Eisenacher den ungeliebten Herrn gern abgeschüttelt hätten und mit Hilfe verbündeter Städte und königlicher Hilfstruppen viel lieber Bürger einer freien Reichsstadt geworden wären. Letzten Endes war es Albrechts Sohn Friedrich der Freidige, der in der Schlacht bei Lucka die wettinische Herrschaft im Thüringischen gegen die Interessen des Reiches und der Bürgerschaft zu sichern vermochte. Den Sieg ließ er als Wand- oder Deckengemälde im Palasfestsaal verewigen, wovon der Chronist Rothe berichtet. Überhaupt erlebte die Wartburg zu Beginn des 14. Jahrhunderts ihre erste Verjüngungskur. Ein durch Blitzschlag verursachter Brand um das Jahr 1317 hatte Bergfried, Palas und ein benachbartes Wohngebäude so stark beschädigt, daß Baumaßnahmen zwingend notwendig waren. Von künstlerischer Sorgfalt aber konnte, soweit man dies heute noch zu beurteilen vermag, kaum die Rede sein. Der Zweck bestimmte die Mittel, und – sicher zu Recht – hielt der kriegsgewohnte Markgraf eine stärkere Befestigung für sinnvoller. So ließ er als erstes den Hauptturm neu aufführen; der Palas erhielt ein steiles gotisches Dach, statt der Arkaden kleine unregelmäßig verteilte Fenster und einen burgengerecht hochgelegenen Eingang. Im ersten Obergeschoss des Palas wurde vom ursprünglich größeren Sängersaal etwa ein Drittel abgetrennt, überwölbt und als Kapelle eingerichtet. Überkommene Reste zeitgenössischer Bemalung zeigen sechs mit Spruchbändern versehene Apostel. Der nachträgliche Einbau des Kreuzgewölbes erfolgte unter Mißachtung aller statischen Erfordernisse, was in nachfolgenden Zeiten oft Grund zur Besorgnis gab. Die Schaffung eines gänzlich neuen Sakralraumes legt indes die Vermutung nahe, daß der Burgbrand von 1317 auch eine zuvor bestehende Kapelle zerstört haben könnte. Nimmt man sie als eigenständiges Bauwerk an, dann käme als ihr ehemaliger Standort einzig die westliche Seite der Hofburg in Frage. Doch selbst wenn

Der Thüringer Erbfolgekrieg – Sophie von Brabant vor den Toren Eisenachs
Federzeichnung aus der hessischen und thüringischen Landeschronik des Wigand von Gerstenberg (1457–1522)

eine solch bedeutsame Anlage wie die Wartburg ohne ein Gotteshaus kaum denkbar war, so fehlt bis heute der schlüssige Beweis für dessen frühere Existenz. Mit dem südlichen Turm, der in das 14. Jahrhundert datiert wird, erneuerte oder verstärkte Friedrich gewiss nur eine bereits vorhandene Wehranlage, die an dieser topografischen Schwachstelle für die Verteidigung seit eh und je erforderlich gewesen sein dürfte. Der einzige, wirklich interessante Friedrich-Bau war wohl das „gemalte Haus" – errichtet möglicherweise über den Felsenkellern eines früheren, auch abgebrannten Wohngebäudes. In ihm, das noch bis in die zweite Hälfte des 18. Jahrhunderts bestand und Johann Wolfgang von Goethe zur Zeichnung reizte, wird ein typenbildendes Beispiel hiesiger Holzbauweise vermutet.

Obwohl die Wartburg über das 14. Jahrhundert hinweg ihre Bedeutung als Residenz behalten, ja zeitweise sogar ausweiten konnte, musste ihre Randlage diesem Umstand allmählich ein Ende setzen. Bald entwickelten sich Weimar und Gotha zu Hauptsitzen der thüringischen Wettiner und liefen der ohnehin aus der Mode gekommenen Höhenburg den Rang ab. So diente die Wartburg etwa seit der Mitte des 15. Jahrhunderts als Verwaltungszentrum des gleichnamigen Amtes, dem ein Amt- oder Burghauptmann vorstand.

Nach 1470/80 veränderte sich das äußere Bild der Burg wiederum. Auf die bis dahin zinnenbewehrte Ringmauer wurden geschlossene Wehrgänge aufgesetzt. Sie waren der empfindlicheren Technik der Feuerwaffen geschuldet und hatten darüber hinaus den Vorteil, daß man ungesehen den gesamten Burgring bestreifen konnte. Ritterhaus und Vogtei wurden ebenso durch Gotik und Renaissance geprägt; von nun an dominierte das Fachwerk auf der Burg.

Die Wartburg von Nordosten mit dem „gemalten Haus Friedrichs des Freidigen" Zeichnung von Johann Wolfgang von Goethe, um 1777

II Auf dem Wege zur deutschen Nation

„Mein Einsiedlerleben macht mir gar nichts aus..."

Martin Luther auf der Wartburg

Luther übersetzt auf der Wartburg die Bibel, Paul Thumann, 1872
Öl auf Leinwand

Der Erinnerungskult des deutschen Volkes hat auf der Wartburg ein höchst ungleiches Paar zusammengeführt, und doch: beide rüttelten an konventioneller Religiosität, beide verfolgten reformerische Ideale, beide gelten als überragende Persönlichkeiten ihrer Zeit und darüber hinaus.
Elisabethkemenate und -galerie, Elisabethplan und -brunnen stehen auf der heutigen Wartburg zwar den weniger bekannten Örtlichkeiten seines Namens, wie Luthergang und Luthererker, gegenüber; die berühmte Lutherstube in der Vogtei aber bürgt für ihre Authentizität. Hier bezog der Mönch am 4. Mai 1521 tatsächlich Quartier. Die helle holzverschalte Stube mit ihrem schmalen Alkoven und eigentlich eines der besseren Kavaliersgefängnisse, diente ihm für zehn Monate als Wohn-, Schlaf- und Arbeitsstätte, die gesamte Burg als ein sicher umfriedeter Aufenthaltsort.
1517 hatte Luthers Thesenanschlag in Wittenberg die Reformation eingeleitet. Seitdem befand sich der Theologieprofessor in zunehmender Gefahr. Päpstlicher Bann und das Wormser Edikt vom Mai 1521, die kaiserliche Reichsacht, die ihn für vogelfrei erklärte, wogen schließlich zu schwer, als daß er weiterhin gefahrlos in der Öffentlichkeit hätte auftreten können. Die Nachricht, Luther sei auf seiner Heimreise von Worms überfallen und entführt worden, löste daher gewiß keine Verwunderung aus, aber doch sehr gegensätzliche Resonanzen. Während nur wenige seiner engsten Mitstreiter um die Wahrheit wußten, bangten seine Anhänger um das Leben des großen

Mannes. „Freitag vor Pfingsten im Jahre 1521 kam die Mär gen Antorf, daß man Martin Luther verräterisch gefangen hätte... Lebt er noch oder haben sie ihn gemordet – was ich nicht weiß – so hat er das gelitten um der christlichen Wahrheit willen, und darum, daß er gestraft hat das unchristliche Papsttum. O Gott, ist Luther tot, wer wird uns hinfort das heilige Evangelium so klar vortragen!“ Diese Worte, eingetragen in das Tagebuch Albrecht Dürers, geben die Gedanken unzähliger Zeitgenossen Luthers wieder.

Der Scheinüberfall auf Luther am 4. Mai 1521, anonymer Kupferstich mit der ältesten Ansicht der Wartburg, um 1590

Aber auch Luthers Feinde waren ratlos und unsicher. „Den Luther sind wir los, wie wir wollten, aber das Volk ist so erregt, daß ich vermute, wir werden kaum unser Leben retten, wenn wir ihn nicht mit brennenden Lampen suchen und zurückrufen“, schrieb ein römischer Prälat an den Mainzer Erzbischof Albrecht.

Der rüde Akt des fingierten Überfalls bei Altenstein hatte also, wie geplant, Luthers Spur erfolgreich verwischt. Von Burghauptmann Hans von Berlepsch in Empfang genommen und umsorgt, verbarg sich der Reformator vom 4. Mai 1521 bis zum 1. März 1522 vor aller Welt. Und es steht ausser Zweifel, daß er nach kurzer Zeit schon niemandem mehr verdächtig erschienen wäre. Kinn-, Backen- und Oberlippenbart, das lange Haupthaar, das die Mönchstonsur rasch überwuchs, und ein Schwert an der Seite verliehen ihm den ritterlichen Habitus, der auch den neuen Namen glaubhaft machte: Junker Jörg. Wohl fühlte er sich indes nicht. „Ich fürchte als Deserteur betrachtet zu werden, der die Schlacht verlässt. Aber es tat sich mir kein anderer Weg auf, mich denen zu widersetzen, die es so wollten und rieten. Nichts wünsche ich mir mehr, als dem Ansturm der Feinde meinen Hals entgegenzustrecken!“ Neben solcherart Ruhelosigkeit litt er auch an physischen Beschwerden, ausgelöst durch das ihm ungewohnte Leben und die schwere ritterliche Kost.

Daß die Stille und Abgeschiedenheit seines „Patmos“, die Luther beklagte, die beste Voraussetzung für ein ungestörtes Tätigsein war, belegen die Resultate: die Wartburgzeit gehörte zu den produktivsten Schaffensperioden seines Lebens. Neben 13 Abhandlungen, die noch 1521/22 in Druck gingen, sind 38 Briefe erhalten geblieben. Seine größte Leistung aber stellte die Übersetzung des Neuen Testaments dar. In nur zehn Wochen, ab Dezember 1521, übertrug er nach einer Ausgabe des Erasmus von Rotterdam den griechischen Originaltext in eine allgemein verständliche deutsche Schriftsprache. Gewiss, es war nicht die erste Bibelübersetzung, die da zustandekam. Doch was für ein Unterschied zu den früheren! Rein inhaltlich mögen sie wohl alle mehr oder minder übereinstimmen, aber was sich zum Beispiel in der bekannten Koberger Bibel, die 1483 in Nürnberg erschienen war, als ungelenk und schwer fasslich liest, das wurde durch Luther poesievoll, leicht und fließend. Sein Wartburgwerk mag ihm besonders gegenwärtig gewesen sein, als er 1530 in seinem „Sendbrief ... vom Dolmetschen“ schrieb: „...nun es verdeutscht und bereit ist, kann es ein jeder lesen und meistern, läuft einer jetzt mit den Augen durch drei, vier Blätter und stößt nicht einmal an, wird nicht gewahr, welche Wacken und Klötze da gelegen sind, da er jetzt über hin gehet wie über ein gehobelt Brett, da müssen wir schwitzen und uns ängsten ehe wir solche Wacken und Klötze aus dem Weg räumten, auf daß man konnte so fein dahergehen... Denn man muß nicht die Buchstaben in der lateinischen Sprache fragen, wie man soll deutsch reden, wie diese Esel tun, sondern man muß die Mutter im Hause, die Kinder auf der Gasse, den gemeinen Mann auf dem Markt drum fragen und denselbigen auf das Maul sehen, wie sie reden und dolmetschen, so verstehen sie es denn und merken, daß man deutsch mit ihnen redet... “
Das lutherische Werk, geschmückt mit Holzschnitten von Lucas Cranach und bei Melchior Lotter in Wittenberg gedruckt, wurde nach seinem Erscheinungstermin das „Septembertestament“ genannt. Ein Bestseller, denn trotz des für damalige Zeit ungewöhnlich großen Umfangs von 3000 Exemplaren erschien bereits drei Monate später die Zweitauflage. Zwölf Jahre danach, im September 1534, lag die gesamte Heilige Schrift in der Fassung Luthers vor. Alle Barrieren gebräuchlicher Dialekte überwindend, hatte der Reformator zu einem einheitlichen, jedermann verständlichen Deutsch gefunden – eine sprachbildende Leistung, die uns noch heute größte Hochachtung abnötigt.
Indes hat Luthers Wartburgzeit auch tatkräftig zur Legendenbildung beigetragen: So soll ihm eines Nachts der Teufel erschienen sein, und um seinen Peiniger loszuwerden, habe er ihn voller Zorn mit dem Tintenfaß beworfen, heißt es da. Wie alle seine Zeitgenossen dem Glauben wie dem Aberglauben anhingen, so dünkte auch Luther sich zuweilen tausend Teufeln ausgeliefert und berichtete durchaus ernsthaft und detailliert über manch vermeintlichen Spuk des Nachts und polternde Geister in den alten Gemäuern der Burg. Der Tintenfleck, jeglicher Phantasie entkleidet wohl nur ein Stück rußgeschwärzter Wand über dem einstigen Kamin in Luthers Stube, tat sein Übriges zu jener Geschichte, die insbesondere im 19. Jahrhundert zu einem liebenswerten Übereifer geführt hat: Der ominöse Fleck wurde bei

Bedarf mit blauer Tinte „rekonstruiert“ – zur hellen Freude eines ausgewählten Publikums und zum letzten Male vor der Jahrhundertwende.
Wirklich gefunden hingegen wurde ein anderes Relikt, das uns auch in das 16. Jahrhundert zurückführt: Ein Namenszug an der steinernen Mauer im Verlies des Südturmes, eingekratzt von einem Gefangenen, der als Märtyrer der Täuferbewegung verehrt wird. Nach der Niederlage des Bauernkrieges hatte jene sozial-religiöse Strömung auch in Thüringen Fuß gefasst. Durch prinzipielle Ablehnung weltlicher und kirchlicher Obrigkeit und die Verweigerung von Kriegsdiensten mussten die Täufer mit Macht und Gesetz kollidieren. Viele wurden verfolgt und grausam bestraft. So ein thüringischer Bauer namens Fritz Erbe, der acht Jahre lang in jenem schauerlichen Turmkerker der Wartburg gefangengehalten wurde, bevor er starb. In der Chronik wird im Übrigen – und nicht ganz schlüssig – erzählt, daß der Erbarmungswürdige im Jahre 1544 durch seinen Alarm die Burg vor einer Feuersbrunst bewahrte. Noch rechtzeitig gelang es, die Flammen unter Kontrolle zu bringen, doch war der Torturm immerhin so in Mitleidenschaft gezogen worden, daß man ihn bis auf die Höhe des angrenzenden Ritterhauses abtragen mußte.

Erhalt, Verfall und romantische Verklärung

Die Wartburg von Norden
Monogrammist A. Ch., nach 1782

Der letzte sächsische Kurfürst der Lutherzeit, Johann Friedrich der Großmütige, schätzte die Wartburg und hielt sie der Modernisierung wert. Sein Militär-Architekt Nikolaus Gromann beschäftigte sich um 1550 mit Plänen eines festungsartigen Ausbaus, die als älteste bekannte Bauunterlagen gelten, allerdings niemals zur Ausführung gelangt sind.
Nicht ganz unerhebliche Umbauten unter Herzog Johann Ernst, dem durch beständige Landesteilungen der wettinisch-ernestinischen Linie ein nur

kleines Gebiet um Eisenach beschieden war, galten vor allem der Sicherheit und einem bescheidenen Wohnkomfort während des Dreißigjährigen Krieges. Lange Zeit erinnerte das in der erneuerten Kapelle aufgehängte Schwert Bernhard von Weimars an einen der tüchtigsten deutschen Mitkämpfer des Schwedenkönigs Gustav Adolph und an die erbitterten Kämpfe um Macht und Konfession.

Daß die Wartburg auch weiterhin „als Landesfestung und anderen occurentiven" dienen könne, meinte man noch ausgangs des 17. Jahrhunderts. Danach schien die Anlage allmählich ihrem Verfall entgegenzudämmern. Was der Zahn der Zeit zernagt, was bei Sturm zu Schaden gekommen, stürzte entweder in sich zusammen oder wurde der Billigkeit halber abgerissen. Auf diese Weise ging vor allem gegen Ende des 18. Jahrhunderts Unwiederbringliches verloren: die alte Hofstube auf dem Gelände der heutigen Dirnitz, der Bergfried, das nördlich an den Palas gelehnte „gemalte Haus" Friedrichs des Freidigen, das Bollwerk vor der Zugbrücke. Daß die Burg niemals gänzlich unbewohnt war, mag Schlimmeres verhindert haben. Burghauptleute und -vögte, Amtmänner und Kastellane sorgten sich wenigstens um die notwendigsten Reparaturen.

Dabei war die Wartburg ihren Besitzern – seit 1741 das Herzoghaus Sachsen-Weimar-Eisenach – nicht etwa gleichgültig. In den Akten ist vom „Denkmal des Altertums, das fernerhin conservieret werde" die Rede, aber allein mit dem guten Willen war nichts zu bezahlen, und die Weimarer Kassen waren und blieben leer.

Von dort kamen vor allem geistige Impulse, wie etwa die Anschauungen Johann Gottfried Herders über die arteigene Herkunft, über Dichtung, Sprache und Volkstum. Dies lenkte den Blick auf das bisher unbeachtet gebliebene deutsche Mittelalter und vermochte die Aufklärung, besonders aber die Romantik wesentlich zu beeinflussen. Friedrich Schlegel, ihr führendster Theoretiker, erstieg im Frühjahr 1802 während einer Reise von Weimar nach Frankfurt die mehr oder minder ruinöse Wartburg und schwor, nichts Schöneres in Deutschland zu kennen. „Wenn man solche Gegenstände sieht, so kann man nicht umhin, sich zu erinnern, was die Deutschen ehedem waren, da der Mann noch ein Vaterland hatte. Seitdem nun die Menschen herabgezogen sind zueinander und sich alles um die Landstraßen versammelt hat, gierig nach fremden Sitten wie nach fremden Gelde, stehen die Höhen und Burgen verlassen und die Kunst scheint verloren, dieses herrliche Land auf die edelste und angemessenste Weise zu bewohnen und zu beherrschen."

Seine Begeisterung teilte Schlegel mit vielen Zeitgenossen, die sich seit 1803 auch in die nun geführten Stamm- oder Gästebücher eintrugen. Maler entdeckten die Burg als reizvolles Motiv in der Landschaft, Dichter widmeten ihr zahllose Verse, gedruckte Führer erklärten den immer zahlreicheren Interessenten ihre Geschichte.

Die Romantik entwarf so ein Idealbild des fernen, in seinen Zeugnissen jedoch vielgestaltig gegenwärtigen Mittelalters und sah darin nicht nur künstlerisches Schöpfertum und Sinnesfreude, sondern auch gesellschaftliche Harmonie – eben jenes verklärte „Vaterland" des Heiligen Römischen Reiches deutscher Nation, dessen Niedergang und Auflösung zutiefst verunsicherte und zugleich nationale Sehnsüchte weckte. Die Wartburg als Hort der Kunst und des Glaubens wurde immer mehr zum Sinnbild der Nation, zum Heiligtum der Deutschen.

„...und die Wartburg wird künftig noch manchen Pilger mehr zählen."

Die Beziehungen Johann Wolfgang von Goethes zur Burg

Seit dem ausgehenden 16. Jahrhundert hatten ungezählte Pilger „Luthers Patmos" besucht und ihre Namenszüge in die holzverschalten Wände geritzt. Zunehmend begannen sie sich auch für die übrigen „Merkwürdigkeiten" der Burg zu interessieren: das Bett, in dem Sankt Elisabeth geschlafen haben sollte, die Kapelle, wo Luther angeblich predigte, das Zeughaus mit seinen altertümlichen Waffenbeständen.

Dem jungen Goethe war die geschichtliche Bedeutung der Burg durchaus geläufig, als er sie 1777 zum ersten Male betrat. An den altersgrauen Mauern allerdings wollte er keinen rechten Gefallen finden. Vielmehr begeisterte ihn die herrliche Landschaft, die sich davor ausbreitete. „Hieroben! Wenn ich Ihnen nur diesen Blick, der mich nur kostet aufzustehen vom Stuhl, hinübersegnen könnte", schrieb er an Charlotte von Stein. „In dem grausen, linden Dämmer des Monds die tiefen Gründe, Wiesgen, Büsche, Wälder und Waldblößen, die Felsenabhänge davor, und hinten die Wände, und wie der Schatten des Schloßbergs und Schlosses unten alles finster hält und drüben an den sachten Wänden sich noch anfaßt. Wie die nackten Felsspitzen im Monde sich röten und die lieblichen Auen und Täler ferner hinunter, und das weite Thüringen hinterwärts im Dämmer sich dem Himmel mischt... Wenns möglich ist zu zeichnen, wähl ich mir ein beschränkt Eckchen, denn die Natur ist zu weit herrlich hier auf jeden Blick hinaus."

Tatsächlich griff auch hier der Dichter zum Zeichenstift, um dies und jenes festzuhalten. Dem beliebten Motiv der Romantiker nicht unähnlich erscheint die Wartburg inmitten üppiger Natur. Über dem steilen Fels erhebt sich das Fachwerkhaus Friedrichs des Freidigen; der Betrachter erhält eine Vorstellung vom einstigen Bollwerk, das der Zugbrücke vorgelagert war.

Goethes Interesse am Innern der Wartburg regte sich erst um 1815, da er mit einem bemerkenswert modernen Plan aufwartete: Mittelalterliche Schnitzwerke, aufgefunden und geborgen in Blankenhain bei Rudolstadt, sollten zur Schau gestellt werden, „auf daß die Burg in Zukunft noch manchen Pilger mehr zähle."

Zwar blieb es in diesem Fall aus unbekannten Gründen nur beim Wollen, kennzeichnet aber den neuen Zeitgeist, der sich zwei Jahre später gerade auf der Wartburg zum ersten Male manifestierten sollte.

Das Bollwerk vor der Zugbrücke
Zeichnung von Johann Wolfgang von Goethe, um 1777

Freiheit, Ehre, Vaterland

Das Wartburgfest der deutschen Burschenschaften

Am 18. und 19. Oktober 1817 trafen sich rund 500 deutsche Studenten in Eisenach und auf der Wartburg. An altehrwürdiger Stelle wollten sie das 300. Reformationsfest und den 4. Jahrestag der siegreichen Leipziger Völkerschlacht feierlich begehen. Kein Wunder, daß es beim stillen Gedenken nicht blieb, hatten doch die meisten von ihnen mit der Waffe in der Hand gegen Napoleons Armeen gefochten. Die Hoffnung auf ein freies, einiges Vaterland, die die jungen Kriegsfreiwilligen an den umjubelten Sieg geknüpft hatten, war allerdings nicht in Erfüllung gegangen.

„Man schaut in das Großherzogtum Weimar, Herzogtum Gotha, Meiningen, nach Hessen, man sieht den Himmel sich über Sachsen, Bayern, Württemberg und Österreich wölben – doch wo ist Deutschland?"

Tiefe Resignation spricht aus diesem Satz, der ein halbes Jahr nach der Gründung des Deutschen Bundes ins Stammbuch der Wartburg eingetragen wurde. Der Schreiber ahnte nicht, daß gerade die Wartburg bald eine Antwort auf seine Frage hören sollte.

Der Zug der Studenten auf die Wartburg
am 18. Oktober 1817
anonymer Stahlstich, undatiert

Das Wartburgfest der Burschenschaften wurde zum glühenden Appell der fortschrittlichen studentischen Jugend und zur ersten nationalen Willenskundgebung auf deutschem Boden überhaupt.

„Hier oben auf der Wartburg ist der rechte Ort, das Bild der Vergangenheit uns vor die Seele zu rufen, um aus ihr Kraft zu schöpfen für die lebendige Tat in der Gegenwart, gemeinschaftlich uns zu beraten über unser Tun und Treiben, unsere Ansichten auszutauschen, das Burschenleben in seiner Reinheit uns anschaulicher zu machen, und endlich, unserem Volk zu zeigen, was es von seiner Jugend zu hoffen hat, welcher Geist sie beseelt, wie Eintracht und Brudersinn von uns geehrt werden, wie wir ringen und streben den Geist der Zeit zu verstehen, der mit Flammenzügen in den Taten der jüngsten Vergangenheit sich uns kundtut... Der Gottesglaube aber, dessen Reinheit Luther uns wiedergegeben hat, kann nur dann dem Menschen das werden, was er sein soll, wenn er fußet im vaterländischen Boden, wenn er seine Anwendung findet im Vaterlande..." Der Jenaer Student Heinrich Riemann begrüßte so die Festteilnehmer. Waren das schon kühne Worte gewesen, so fand die Fortsetzung des Festes am Abend auf dem der Burg gegenüberliegenden Wartenberg ihren folgenschweren Höhepunkt. An den traditionellen Siegesfeuern, die seit der Leipziger Schlacht alljährlich dort und anderswo entzündet wurden, warfen die Burschen einen preußischen Schnürleib, einen hessischen Zopf und einen österreichischen Korporalstock als Attribute besonders kritikwürdigen Staatswesens in die Glut. Unter dem Hinweis auf Luthers Verbrennung der Bannbulle folgten dem einige verhasste Schriften. „So wollen auch wir durch die Flamme verzehren lassen das Angedenken derer, so das Vaterland geschändet haben, durch ihre Rede und That, und die Freiheit geknechtet und die Wahrheit und Tugend verleugnet haben in Leben und Schriften."

Das Autodafé hatte ein Nachspiel. Preußen und Österreich intervenierten beim weimarischen Großherzog mit Nachdruck. Carl August, unter dessen liberaler Regierung die Jenaer Burschenschaft zumindest bis 1819 fürstliches Wohlwollen wie nirgendwo sonst genoss, und der ihr auch Tür und Tor der Wartburg geöffnet hatte, mußte sich einer Flut von Vorwürfen und Verdächtigungen erwehren. Am Ende kapitulierte auch er; die Burschenschaften wurden verboten, und der Name „Wartburg" mochte in den Ohren mancher Monarchen wohl noch geraume Zeit ein Reizwort gewesen sein.

Der Popularität tat das Ereignis keinen Abbruch – im Gegenteil. Unter der Repressionspolitik und den Demagogenverfolgungen schwelte der Freiheitsdrang und das Streben nach einem großen einigen Vaterland weiter. „Ganz Deutschland ist eine Wartburg", schrieb ein Anonymus ins Gästebuch und brachte damit die neue Sicht auf den Punkt: Die Burg war zum Inbegriff der bürgerlich-freiheitlichen Ideale geworden, die in den Vormärz mündeten.

Zu den revolutionären Ereignissen des Jahres 1848 gehörte daher das sogenannte zweite Wartburgfest, an dem etwa 1.700 Studenten teilnahmen. Nach dem Vorbild des Frankfurter Parlaments berieten sie über die Zukunft der Universitäten und über die Notwendigkeit der freien Wissensvermittlung, Forschung und Wissenschaft. Die an die Paulskirche entsandte Petition blieb unbeachtet.

III Die Wiederherstellung und Erneuerung zum nationalen Denkmal

Erbgroßherzog Carl Alexander von Sachsen-Weimar und Eisenach anonyme Federzeichnung, um 1840

Entwurf zur Wiederherstellung der Wartburg, Aquarell von Alexander Simon 1839; v. l. n. r.: Ritterhaus mit dominierendem Torturm, Palas mit vorgesetztem Treppenturm; anstelle des Südturms Weihestätte mit Kreuzgängen

Erste Gedanken zur Erhaltung des alten Bergschlosses als Denkmal und seiner würdigen Auszierung führen in das ausgehende 18. Jahrhundert zurück. Dem Wollen Einzelner setzten die fehlenden Gelder Grenzen, weitgehend gebot Pragmatismus über das Geschehen auf der Burg. Nach zaghaften Anfängen und nach Goethes musealen Plänen in einer Zeit, da das Interesse an mittelalterlicher Architektur und Kunst erste Leistungen in der Denkmalpflege hervorbrachte, soll das entscheidende Wort 1838 gefallen sein. Während eines Rundgangs durch den düsteren Palassaal ermunterte die Weimarer Großherzogin Maria Pawlowna ihren 20jährigen Sohn, „dies alles doch einmal wiederherzustellen.“ Ihre Idee fiel auf fruchtbaren Boden.

Der traditionsbewusste Erbgroßherzog, der den Glanz der Weimarer Klassik noch selbst erlebt, den alten Genius noch persönlich gekannt hatte, verfolgte große Pläne. Nicht nur die Residenzstadt an der Ilm sollte nach dem „goldenen Zeitalter“ ihre „silberne“ Renaissance erleben und sich erneut zu geistiger und künstlerische Höhe aufschwingen; auch aus dem hehren Sitz seiner Ahnen gedachte er Großartiges zu schaffen. Zunächst verwandelte sich die Wartburg daher für ein halbes Jahrhundert in eine Baustelle. Nacheinander versuchten sich der Eisenacher Baurat Johann Friedrich Sältzer, der Kunstmaler Alexander Simon aus Weimar, der Architekt der Münchener Bonifaciusbasilika, Georg Ziebland und der preußische Konservator Ferdinand von Quast an Entwürfen – der eine mehr, der andere weniger intensiv.

Der gute Geist des großen Projektes fand sich in dem neuen Burgkommandanten Bernhard von Arnswald. Von 1841 bis zu seinem Tode 1877 bewohnte er die Burg, die sein Lebensinhalt, ja seine Liebe wurde. Immer dann, wenn eine Arbeit ins Stocken, ein Plan ins Wanken geriet, half er mit neuen Ideen und Tätigsein. Seine Grabungen im Burggelände lösten manches Rätsel über die ehemalige Beschaffenheit der Anlage und waren den Architekten immer Anstoß und Wegweiser.

Sältzer begann mit der dringlichsten Aufgabe, der Sicherung des romanischen Palas. Sowohl er, als auch Simon hatten in dem wuchtigen Bau verborgene Schönheit erahnt. Konkrete Pläne über das gesamte Vorhaben der Erneuerung lagen in der Anfangsphase nicht vor; auch gingen die Vorstellungen über das zukünftige Aussehen weit auseinander.

Neben dem Pantheonsgedanken, der eine Kapelle mit dem „Grabmal des Wartburggründers“ vorsah, flankiert von Kreuzgängen, „worin die Fürsten, die Dichter und Weisen ruhen“, existierten auch die Ideen einer „vaterländischen Zentralgalerie“ oder eines himmelanstrebenden „Lutherturmes“. Aber weder diese Pläne, noch die phantasievollen Entwürfe Quasts fanden am Ende die geneigte Zustimmung des Bauherrn. Die Burg hätte so an Ursprünglichkeit verloren, wäre nicht mehr geworden, als die „sogenannten Restaurationen von Ritterburgen, welche uns in angenehmer Täuschung einen Augenblick von der Vorzeit träumen lassen.“ Diese Meinung zumindest

vertrat der Gießener Architekturprofessor Hugo von Ritgen, der schließlich auch mit dem Auftrag der Restaurierung betraut wurde.
Sachkenntnis des mittelalterlichen Burgenbaus, die Bereitschaft, Vorhandenes zu erhalten, die Fähigkeit schöpferischer Nachahmung waren überaus anspruchsvolle Forderungen zu einer Zeit, da einschlägige Wissenschaftsbereiche allenfalls in den Kinderschuhen steckten. Ritgen ging nach bestem Wissen und Gewissen vor. Ab 1849/50 lag das gesamte Projekt in seinen Händen. Zunächst übernahm er die Fortführung der Palasrestaurierung, die 1852 abgeschlossen wurde. Indes zog sich die künstlerische Gestaltung der Innenräume noch Jahre hin. Zu den wertvollsten Schätzen der Wartburg gehören seitdem die 14 Fresken des spätromantischen Malers Moritz von Schwind in Elisabethgalerie, Sängersaal und Landgrafenzimmer.
Besonders aufwendig für alle Gewerke wurde die Gestaltung des Festsaales. Reiche Malerei und Plastik sollte hier den Siegeszug des Christentums und seinen Triumph über heidnischen Aberglauben darstellen. Der Kölner Historienmaler Michael Welter und der begabte Bildhauer Konrad Knoll übernahmen nach Ritgens Konzeption die Ausführung. Der Fest- oder Bankettsaal, ein Musterbeispiel der Kunstauffassung des 19. Jahrhunderts, fand in König Ludwig II. von Bayern seinen größten Bewunderer. „Jede Wand den Geist jener Zeit athmend, was in wenigen Stunden jene Mauern, mit ihrer reichen, verschwenderischen Bilderpracht dem Andächtigen, weihevoll Gestimmten erzählen u. künden, das lernt der Büchermensch, der trockene, kalte, nicht in Reihen von Jahren. (Erquickung hast du nie gewonnen, wenn sie dir nicht aus eigner Seele quillt.) In Wonnezähren entbrannte das Auge, Tannhäuser mir vorgeschwebt, Elisabeths Jauchzen u. jubelnde Freude bei Seinem Nahen, bei dem ersten Betreten des Sängersaales nach so langer, schmerzlicher Trennung,: was nie gelebt, das lebt zu allen Zeiten“, schrieb er nach seinem Besuch am 1. Juni 1867 in das Tagebuch. Wenig später schon notierte er den Plan der getreuen Nachahmung des Saales auf Neuschwanstein, „im romanischen Styl, dem poesievollen, blühenden, christlich/tief symbolischen“, und auch Welter fand in ihm einen neuen Auftraggeber.
1853 begann Ritgen mit der historisierenden Ergänzung der längst nur noch lückenhaft erhaltenen Burganlage. Nach vierjähriger Bauzeit konnte das Richtfest des neuen Bergfriedes gefeiert werden; seit 1859 krönt ihn das goldene Kreuz, das längst zu einem Wahrzeichen der Wartburg geworden ist. Daneben wuchs gleichzeitig die Neue Kemenate empor, als Fürstenwohnung konzipiert und eingerichtet. Rechtzeitig zur 800-Jahrfeier der Wartburg 1867 waren Torhalle und Dirnitz vollendet.
Danach ließen umfangreiche Reparaturen an Ring- und Stützmauern, der Neubau des Gasthofes und der Umbau des Brauhauses in ein großherzogliches Gästehaus kaum eine Unterbrechung der Arbeiten zu. Bei all dem versuchte Ritgen, wenn auch nicht immer mit der erforderlichen Konsequenz, an einem löblichen Grundsatz festzuhalten: „Erhalte, was irgend zu erhalten ist; das Schadhafte ergänze streng nach dem Vorhandenen. Das Fehlende muss im Geiste des Altertums gedacht, der Idee unserer Zeit angepasst werden.“ So fanden mittelalterliche Kellergewölbe und Fundamente ihre Berücksichtigung

Moritz von Schwind malt in der Elisabethgalerie, Bleistiftskizze von Bernhard von Arnswald, 1854

Richtfest des Bergfriedes, Bleistift-Sepiazeichnung von Bernhard v. Arnswald 1857

wie auch historische Wartburgdarstellungen, erhaltene Grundrisse, Bauunterlagen, Chroniken und literarische Beschreibungen. Die Vielfalt und Fülle der Aufgaben, denen sich Ritgen zuwandte, ist erstaunlich, denn auch für die Innenausstattung der Räume zeichnete hauptsächlich er verantwortlich. Er fertigte Entwürfe für Möbel, Textilien, kunsthandwerkliche Gebrauchsgegenstände bis hin zum vollständigen Interieur. Die Vollendung des letzten Bauwerks, des kleinen neoromanischen Ritterbades, erlebte der Wartburgarchitekt nicht mehr. Hugo von Ritgen starb 1889 in seiner Heimatstadt Gießen.

Blick in die großherzogliche Wohnung um 1870

Sein Werk fand seitdem Bewunderer und fachkundige Kritiker, Lob und Tadel gleichermaßen. Es mag dem Baumeister mit Sicherheit mancher Mißgriff unterlaufen sein. Führen wir uns jedoch das seinerzeit begrenzte Wissen um mittelalterliche Kultur vor Augen, das eben erst erwachte Interesse an ihren einstmals stolzen Burgen, deren Instandsetzung im 19. Jahrhundert gewöhnlich von Phantasie und romantischer Schwärmerei geleitet wurde, so sind hier Methodik und Kühnheit des Herangehens der Würdigung wohl wert.

Die Wartburg war um die Jahrhundertwende zu dem geworden, was Carl Alexander beabsichtigt hatte: nicht nur Baudenkmal, Weihestätte und Museum, sondern lebendiges Gesamtkunstwerk. Gewachsen aus Dynastie- und Landesgeschichte, bereichert durch das Wirken historischer Lichtgestalten und im Volk zunehmend als steinerne Zeugin ruhmreicher Vergangenheit verklärt, schien sie Carl Alexander zum „Denkmal seines Hauses, seines Landes, ja ganz Deutschlands" prädestiniert, freilich unter dem Blickwinkel fürstlicher Repräsentation.

Damit sollte sie sich in respektabler Gesellschaft von ähnlichen Vorzeigeobjekten anderer, größerer Adelshäuser befinden.
„Während ganz Deutschland seit einem Jahrzehnt eifrig an der Herstellung und dem Ausbau des Kölner Domes arbeitete, unternahm hier ein junger einzelner Fürst eines kleinen Landes das bedeutende Werk, die Burg wiederherzustellen, die mindestens denselben Anspruch darauf hat, als Nationaldenkmal zu gelten, wie der stolze, hochragende Dom am Rheine", heißt es in Max Baumgärtels Prachtedition „Die Wartburg" unter Bezug auf das genannte Protektorat der Hohenzollern.

Carl Alexanders Intentionen gingen allerdings noch weit über das Formale hinaus und richteten sich auf neue Inhalte. Wenn er ganz im Sinne der Romantiker vom „Gesamtkunstwerk Wartburg" sprach, dann meinte er nicht nur die Fresken des Münchener Malers Schwind, die wie volkstümliche Illustrationen zur mittelalterlichen Burggeschichte wirkten, dachte nicht nur an reich ausgestattete Innenräume wie den Festsaal, die Elisabethgalerie, die Kapelle, die drei Reformationszimmer oder die Lutherstube, deren Interieurs mehr phantastievolle denn authentische Variationen zum Thema bildeten. Unter den vielgebrauchten Begriff fasste er auch Werke der Literatur, Poesie und Musik, geeignet, den Ruhm der Burg über die Landesgrenzen hinaus in alle Welt zu tragen.
Am nachhaltigsten tat das wohl die romantische Wagner-Oper „Tannhäuser oder der Sängerkrieg auf Wartburg". Spätestens seit ihrer – erstmals erfolgreichen – Weimarer Inszenierung durch den damaligen Hofkapellmeister Franz Liszt im Februar 1849 zollte der Großherzog dem Komponisten grenzenlose Bewunderung, die dessen politische Umtriebe während der revolutionären Ereignisse in Dresden als unwesentlich übersah. Die Wartburg verband sich nicht nur für den bayerischen Märchenkönig mit den Kunstfiguren Wagners. Zunehmend sah man in ihr den „tatsächlichen" Opernschauplatz des „Tannhäuser", dessen weltweite Popularität die der Wartburg mit sich zog.
Ein Auftragswerk Carl Alexanders dagegen war das Oratorium „Die heilige Elisabeth". In enger Anlehnung an die Bilder von Schwind hatte der Dichter Otto Roquette 1856 die Texte geschrieben, die Franz Liszt zwischen 1858 und 1862 vertonte. Dass damit Wagners verfälschter Elisabeth die historische Heilige gegenübergestellt werden sollte, ist fast denkbar.
Aufgeführt wurde das Werk im neuen Palasfestsaal anlässlich der Feierlichkeiten zum 800-jährigen Bestehen der Wartburg.

Einer der damals meistgelesenen Autoren kulturgeschichtlicher Belletristik des Nachmärz, Josef Victor von Scheffel, arbeitete jahrelang an dem vom Weimarer Großherzog gewünschten „Wartburgroman", dessen zentrales Thema der Sängerkrieg werden sollte, der letzten Endes aber ein Fragment blieb.
Mehr Verdienste dagegen erwarb der Dichter Ludwig Bechstein. Zeitlebens war er der Wartburg mit besonderer Liebe verbunden, suchte durch manches seltene Stück die Kunstsammlungen zu bereichern, bot seine Dienste an und wartete doch vergeblich auf die erhoffte Anerkennung durch den Großherzog. Die Frische und Volkstümlichkeit, mit der er Thüringens Sagenwelt einem breiten Publikum neu erschloss, ließ ihn den Brüdern Grimm in nichts nachstehen.

IV Die Wartburg im 20. Jahrhundert

Anfänge des Massentourismus

Weniger spektakulär, dafür aber unaufhaltsam zogen bereits in den letzten Jahren des 19. Jahrhunderts alle technischen Segnungen der neuen Zeit in die Wartburg ein. Wasserleitung, Elektrizität und Fernsprechanlagen gestalteten die Hofhaltung komfortabler, korrespondierten mit der rasanten Entwicklung des Schienenverkehrs und begünstigten den Tourismus in der Wartburgstadt. Hatte Bernhard von Arnswald um 1860 noch von etwa 20.000 Gästen gesprochen, begann sein Nachfolger Hans Lucas von Cranach 1894 mit der exakten Zählung des Publikums. Für das Jahr 1900 vermerkte er 62.000 Besucher, 1913 waren es schon 100.000 mehr, 1925 erstmals über 200.000 Menschen. Der rege Zuspruch zwang 1912/14 zum Neubau des Gasthofes durch den bekannten Burgenforscher Bodo Ebhardt. Ende der 20er Jahre machte der zunehmende Automobilverkehr eine Verbreiterung der Zufahrtsstraße und die großzügige Anlage eines Parkplatzes erforderlich.

Die ersten motorisierten Touristen „erfahren" die Wartburg, April 1900

Während sich die Wartburg und ihre Sehenswürdigkeiten ungebrochener Resonanz erfreuten, hatten sich in der Folge der Novemberrevolution die Besitzverhältnisse gewandelt. Alle Bauwerke sowie das parkähnliche Waldgebiet um die Burg gingen 1922 in das Eigentum einer Stiftung öffentlichen Rechts über. Über deren Geschicke befand ein Kuratorium, das sich zunächst aus Vertretern der großherzoglichen Stifterfamilie und des späteren Landes Thüringen als deren Rechtsnachfolger zusammensetzte und in der Folgezeit entsprechend der jeweiligen politischen Situation profiliert war.

Neben den Einnahmen aus dem Führungsbetrieb finanzierten sich die denkmalpflegerischen Arbeiten zu einem nicht unwesentlichen Teil aus Spenden- und Beitragsgeldern des 1922 gegründeten unabhängigen Vereins „Freunde der Wartburg". In ihm sollten sich alle „Verehrer dieses Kleinodes im In- und Auslande zusammenschließen, in dem Bewusstsein der stolzen Aufgabe: Erhalter dieser Burg zu sein." Die Mitgliederzahl – zeitweilig mehr als 7.000 aus aller Welt – verdeutlicht die symbolische Kraft und Wirkung, die seit dem 19. Jahrhundert von der Wartburg ausgegangen war.

Am Fuße dieser „Burg des Lichts", des „vaterländischen Altars" zu wohnen, mochte neben der überaus reizvollen Landschaft und der verkehrstechnisch gut erschlossenen Lage für viele ein wesentlicher Beweggrund gewesen sein, Eisenach zeitweise oder auf Dauer zur Wahlheimat zu machen. Im südlich der Stadt gelegenen Mariental war seit den 1860er Jahren eines der bezauberndsten – und bis heute nahezu unverändert erhalten gebliebenen – Villenviertel Deutschlands gewachsen. Hier ließen sich vor allem reiche Pensionäre und Rentiers, aber auch Künstler und Schriftsteller nieder. Als einer der ersten bezog der mecklenburgische Mundartdichter Fritz Reuter 1866 seine römisch anmutende Villa unterhalb des „Capitols der Deutschen" – wie er die Wartburg nannte – und blickte auf „die Straße Deutschlands". Angesichts der wachsenden Hangbebauung befürchtete Carl Alexander schließlich sogar deren Konkurrenz zur Wartburg und legte eine obere Bebauungsgrenze, die „blaue Linie", fest. Inzwischen hatte sich Eisenach zur Jahrhundertwende längst aus der ländlich verschlafenen Biedermeieridylle zur lebendigen Industrie-, Kongress- und Bäderstadt gemausert.

Die Wartburg unter dem Hakenkreuz

Von der „deutschesten der deutschen Burgen" zeigten sich auch die Nationalsozialisten nicht unbeeindruckt. Vor allem Thüringer Parteiangehörige, die sich schon gegen Ende der Weimarer Republik im Stiftungsausschuss etablieren konnten, entwickelten mehr als bloßen Lokalpatriotismus, wenn sie sich die Wartburg als „Kulturmittelpunkt des Reiches" wünschten.
In diesem Rahmen wurde ein Wartburgpreis für Deutsche Dichtung ausgelobt, der als „Abgrenzung von bisher existierenden Dichterpreisen mit jüdischem Einschlag" propagiert wurde. Weitere Veranstaltungen, wie die erste Tagung des Reichsarbeitsdienstes 1936 oder die Auflösung der Burschenschaften und ihr feierlicher Eintritt in den NS-Studentenbund im Jahr zuvor, waren – verglichen mit den erwarteten zentralen Staatsfeierlichkeiten – jedoch eher marginal. Die alte Burg taugte allenfalls als trutziges Bild, nicht aber als Aufmarschplatz für Massenkundgebungen.
Auch das riesige Hakenkreuz, das 1938 anstelle des goldenen Kreuzes auf dem Bergfried aufgerichtet wurde, verschwand dank des Bevölkerungsprotestes schon nach vier Tagen wieder.

Festakt im Burghof anlässlich der erstmaligen Hissung der Hakenkreuzfahne auf dem Bergfried im März 1933

Während 1945 Tausende Kulturdenkmäler Deutschlands in Trümmern lagen, überstand die Wartburg Krieg und Zerstörung nahezu unbeschadet. Als einzigen, wenn auch empfindlichen Verlust hatte man die Konfiszierung und den Abtransport der hochkarätigen Sammlung von mittelalterlichen Rüstungen und Waffen durch die sowjetischen Besatzungstruppen zu beklagen.

„Grenzwarte" und Einheitssymbol

Dem wieder einsetzenden Besucherstrom tat dies indes keinen Abbruch. In den 1950er Jahren kamen erstmals mehr als 300.000 Schaulustige auf die Burg. Im nun geteilten Deutschland sah man sie wieder einmal mehr als sinnstiftende Plattform für gesamtdeutsche Einheitsbestrebungen an. Über lange Zeit und mit hoher Beteiligung aus Ost und West fanden Jugend-, Sänger- und Lehrertreffen mit dem Ziel statt, zunächst die zonalen, dann die politischen Grenzen nicht zur Wesenstrennung des deutschen Volkes hochwachsen zu lassen.

1952 begann man mit der dringend gebotenen baulichen Erneuerung. Nach Arbeiten zur Stabilisierung und Sicherung des einsturzgefährdeten Palas folgte der Abriss des südlichen Teils der Neuen Kemenate, in dem man bisher die einzelnen Stockwerke über schmale Wendeltreppen erreicht hatte. In die entstandene Baulücke wurde 1953 ein großzügiges, den Erfordernissen des Besucherverkehrs angepasstes Treppenhaus eingefügt. Als besonders gravierend empfindet man heute die Reduktion von historistischen Formen und Gestaltungselementen an Gebäuden und in verschiedenen Innenräumen, was allerdings der damaligen kunsthistorischen Abwertung des 19. Jahrhunderts durchaus entsprach.

In diesem Sinne wurde die ehemalige großherzogliche Wohnung in der Neuen Kemenate aller Dekorationen entkleidet und zu einfachen Ausstellungsräumen versachlicht, die „romantische Schauburg" einer radikalen „Entstaubung" unterzogen. Beifall erhielten sowohl die denkmalpflegerischen Leistungen wie die dort beobachteten gesellschaftlichen Aktivitäten auch von westlicher Seite: „Die Wartburg ist unpolitisch, unparteiisch und überzonal geblieben... eines der wenigen Dinge, vor deren Namen die Deutschen in Ost und West gemeinsam das Wörtchen 'unser' setzen können", hieß es in einer großen Hamburger Tageszeitung.

Der erste Kulturminister der DDR, der Lyriker Johannes R. Becher, formulierte zur feierlichen Übergabe 1954: „Wir überblicken von der Wartburg aus, wie von keiner anderen Warte unseres deutschen Vaterlands, ein weites Reich deutscher Geschichte. Es ist mit Recht bemerkt worden, daß die Wartburg unter den vielen nationalen Gedenkstätten des deutschen Volkes eine eigentümliche Stellung einnimmt, insofern, als dem Besucher hier die deutsche Geschichte in ihrem Gesamtverlauf begegnet. 'Die Unzerstörbarkeit der deutschen Nation' heißt es, 'gelangt in der Wartburg gleichsam zur unmittelbaren Anschauung. Ihr Leitmotiv ist auch das Leitmotiv der deutschen Geschichte.' Es kann nicht davon die Rede sein, daß wir nun, von heute zurückblickend, geschichtliche Ereignisse künstlich zurechtrücken und zu einem uns genehmen Ganzen zusammenfügen. 'Ein Deutschland ist, soll sein und bleiben!'"

Letzteres – ein historisches Zitat vom Wartburgfest 1817 las man auch auf einer Gedenktafel, die für einige Jahre am Burgtor angebracht war. Sie besaß jedoch Ende der 1950er Jahre schon keinerlei politische Relevanz mehr und wurde entfernt. Anstelle der Illusion von Wiedervereinigung war die Verdichtung des Eisernen Vorhangs und die fortschreitende Abgrenzung und Differenzierung zweier deutscher Staaten getreten.
Das politisch-ideologische Interesse an der Wartburg jedoch blieb bestehen. Während andernorts Denkmäler von Rang verfielen, erhielt die Wartburg-Stiftung von der Regierung großzügige Unterstützung, um die Burg in einem gepflegten und präsentablen Zustand zu erhalten. Vorteilhaft wirkte sich dabei das direkte Unterstellungsverhältnis zum Kulturministerium der DDR aus – eine Position, die sonst nur große Metropolen wie Berlin, Dresden oder Potsdam genossen. Auch der in der DDR beinahe einzigartige Stiftungsstatus blieb unangetastet.
Die Wartburg befand sich in der Reihe der denkmalgepflegten Vorzeigeobjekte, die den kritischen Augen des internationalen Publikums standhielten.
Unter Berufung auf ihren Symbolcharakter wurde sie nun häufiger zum neutralen Verhandlungsort gewählt, so 1964 für das Gespräch zwischen Staatschef Walter Ulbricht und dem Thüringer Landesbischof Moritz Mitzenheim über die Trennung von Staat und Kirche in der DDR.
1967 – zum Jahr der „Nationalen Jubiläen der DDR" deklariert – feierte man neben dem 900jährigen Bestehen der Wartburg auch den 450. Reformationstag und den 150. Jahrestag des burschenschaftlichen Wartburgfestes.

Gottesdienst im Hof der Wartburg anlässlich des 500. Geburtstages Martin Luthers, 1983

Innerhalb der Programme zum 500. Geburtstag Martin Luthers 1983 fanden staatlicher Festakt und kirchliche Feiern im Palas sowie ein beeindruckender Festgottesdienst unter freiem Himmel auf dem Burghof statt.

Im November 1989 fielen Grenzzäune und Stacheldraht und die Wartburg rückte aus ihrer Randlage unversehens wieder in die geographische Mitte Deutschlands. Besonders in diesen Tagen und Monaten erlebte man Szenen ungetrübter Freude über die Wiederinbesitznahme eines lange und schmerzlich vermissten Gutes. Nahezu 800.000 Gäste wurden durch den Palas geführt; auf dem Burggelände zählte man 1990 mehr als eine Million Schaulustige. Deutlicher als je zuvor hatte sich gezeigt, daß die Wartburg im Bewusstsein der Menschen immer ein Symbol gemeinsamer Kultur, staatlicher Einheit und Freiheit geblieben war, auch über die Jahre des kalten Krieges und der Abgrenzung.

Mit der Reorganisation des Freistaates Thüringen gelangte die Wartburg-Stiftung in dessen Zuständigkeitsbereich zurück. 1991 konstituierte sich ein neuer Stiftungsrat, dem erstmals wieder seit mehr als 50 Jahren ein Nachfahre des ehemaligen Eigentümers angehört. Darüber hinaus besteht das Kuratorium neben Vertretern des Bundes, des Landes und der Kommunen aus dem Bischof der Evangelisch-Lutherischen Landeskirche in Thüringen und dem Landeskonservator. Den Vorsitz hat der jeweilige Kunstminister des Freistaates inne.
Umfangreiche denkmalpflegerische und Bauerhaltungsarbeiten konnten seitdem absolviert werden. Bund, Land und Denkmalpflegeinstitutionen

stellten dafür im ersten Jahrzehnt seit der Wiedervereinigung rund 20 Mio. DM zur Verfügung.

Den lutherischen Gedanken und seine Überformungen und Interpretationen des letzten halben Jahrtausends aufnehmend, will die Wartburg heute nicht nur als ein geographisch zentraler Ort in Europa bestehen. Seit 1992 vergibt die Wartburg-Stiftung einen Preis um persönliche Verdienste und den besonderen Einsatz für die kulturelle und politische Einigung Europas.

Der Ort, der sich als einfache Burg im dicht bewaldeten Thüringen des 11. Jahrhunderts mit Leben zu füllen begann, sah fast eintausend Jahre an sich vorüberziehen. Er sah den Kampf um Herrschaft und Einfluß, das Ringen der Mächtigen um die Verteidigung ihrer Territorien. Er sah Grenzen hochwachsen, scheinbar für ewig erstarren und auch wieder fallen. Er sah Landesherren kommen und gehen. Aber er erlebte auch immer wieder die Höhen des menschlichen Geistes, der Grenzen überwindet und endgültig hinter sich zu lassen vermag.
Ihren künstlerischen, ihren kulturellen und ihren geschichtlichen Reichtum als Welterbe der UNESCO in ein schrankenloses Europa einzubringen, bedeutet Bereicherung und zugleich Verpflichtung aller. Dies ist jedoch auch der würdigste Anspruch, mit dem die Wartburg das neue Jahrtausend betritt, und der nun wiederum mit Leben zu erfüllen ist.

Hoch über dem Land, hoch über der Stadt jubelt, klagt, singt, flüstert eine Stimme: Das ist Deutschland. Warum? Muß es grad hier sein? Weil es die Mitte ist des herrlich gegliederten Landes zwischen Alpen und Meer, Strom und Strom? Was in unseren Breiten möglich ist, besitzt Deutschland: das Liebliche und das Heroische, das harte Licht der Gletscher und den tiefen, riesigen Himmel über Heide und See. Aber die Deutschen, die hierher kommen und über die Stadt hinblicken, sagen sich: Das hier ist es. Und die Fremden, die zum erstenmal vielleicht nach Deutschland kommen, aber von ihm viel gehört, manches darüber gelesen haben, und die jetzt oben stehen auf der Burg mit einem inneren Bild, das sich zusammensetzt aus Gehörtem, Gelesenem, Geahntem, glauben zu wissen: Dies muß es sein.

(Aus: Stephan Hermlins Vorwort zu „Eisenach und die Wartburg", 1961)

„Die Sage wandelt sinnend durchs Land von Ort zu Ort
Und pflanzt in ihren Garten der Dichtung Blumen fort.
Sie weilet in Ruinen, sie lauscht am Felsenhang,
In Hainen rauscht ihr Flüstern, wie ferner Harfenklang.
Sie schwebt um stolze Burgen, sie weilt beim Halmendach,
Sie thront auf Felsenstirnen, sie spielt am Waldesbach,
Sie hat sich mit dem Lande so liebend treu vermählt,
Daß sie fast aller Orten von alter Zeit erzählt..."

(Aus: Ludwig Bechstein, Der Sagenschatz und die Sagenkreise des Thüringerlandes, 1835)

Die „Wiege" der Thüringer Landgrafschaft war die Schauenburg. Auf dem hohen, schmalen Felsrücken künden nur noch wenige Spuren von der einstigen Befestigung, jedoch hat derselbe Blick über die sanft wogenden Wälder einst das Begehren geweckt, dies herrliche Land zu beherrschen.

Reinhardsbrunn, das mit Benediktinern besetzte Hauskloster der Ludowinger, deren Grabstätte und spätere „Kanzlei", war zugleich geistiges und politisches Zentrum der Landgrafen. Die dort entstandenen Geschichtswerke sowie die als „Reinhardsbrunner Fälschungen" bekannte Sammlung von Schenkungs- und Bestätigungsurkunden dienten der Legitimation der Stifterfamilie. Nach der Reformation dem Verfall preisgegeben und seit dem 17. Jahrhundert zum herzoglichen Schloß und Amt wieder-auf- und umgebaut, ist die ursprüngliche Klosteranlage nahezu ausgelöscht worden. Mauer und Torbogen im östlichen Bereich stammen jedoch noch aus dieser ältesten Zeit.

Über den weinbewachsenen Hängen Freyburgs an der Unstrut erhebt sich seit dem Ende des 11. Jahrhunderts die Neuenburg - östliche Bastion der Thüringer Landgrafen und einer ihrer bevorzugten Aufenthaltsorte.

1171 besuchte dort Kaiser Barbarossa seinen Schwager und soll dabei die noch fehlenden Befestigungen bemängelt haben. Die Beteuerung des Landgrafen, seine Burg in kürzester Zeit uneinnehmbar zu gestalten, belächelte er. Als ihm aber der Gastgeber am nächsten Morgen die geschlossenen Reihen seines Gefolges zeigte, das einen wehrhaften Ring um die Burganlage gebildet hatte, mußte er bekennen, eine kostbarere „Mauer" nie gesehen zu haben. Die Sage gestaltete Moritz von Schwind im Landgrafenzimmer.

Von imposanter Ausdehnung birgt die Neuenburg architektonische Kostbarkeiten, wie die romanische Doppelkapelle aus den letzten Jahrzehnten vor 1200.

Die Eisenacher Nikolaikirche, das zugehörige Kloster und das gleichnamige Stadttor – eines der ältesten in Thüringen – sind „Zeitgenossen“ des Wartburgpalas und repräsentieren Befestigung und Ausbau der mittelalterlichen Stadt gegen Ende des 12. Jahrhunderts.

Die Grabplatte von Ludwig dem Springer entstand zu Beginn des 14. Jahrhunderts in Reinhardsbrunn. Sie zeigt den sagenumwobenen Wartburggründer mit Schwert und Wappenschild. Auf seiner Hand trägt er ein Kirchenmodell, das ihn als Stifter des Klosters ausweist. Zwei der Epitaphien der Landgrafen, die heute in der Eisenacher Georgenkirche bewahrt werden, sind als Kopien im Palaskeller zu sehen.

Ein markantes Muschelkalkmassiv und zugleich einer der sagenreichsten Bergrücken Thüringens ist der Hörselberg. Von dort aus soll das „wütende Heer" ins Land aufbrechen, vor dem der „treue Eckart" warnt, im Inneren lodert nach altem Volksglauben das Fegefeuer, und schließlich erzählt die Sage auch vom edlen Tannhäuser, den Frau Venus in ihren Berg lockt und alle Zeit vergessen läßt.
Die reizvolle Nachbarschaft zu Eisenach und der Wartburg inspirierte Richard Wagner zur seiner romantischen Oper vom Sängerkrieg.

Vorbei an der Liboriuskapelle – anstelle einer älteren Wallfahrtskirche gegen Ende des 15. Jahrhunderts gegründet – und über die Werrabrücke, die in die ludowingische Zeit zurückreicht, erreicht man das Städtchen Creuzburg. Sein gleichnamiges Wahrzeichen ist eine ehemals landgräfliche Burganlage, die nach mittelalterlicher Chronik aus einem Kloster hervorgegangen sein soll.

„Hei, nun ist der Grat erstiegen,
Der sich hub als Scheidewand,
Und ich seh Dein Banner fliegen
Fern um schmalen Felsenrand.
Gleich erregten Meereswogen
Sträubt sich Berg an Berg empor,
Deiner Mauern lichter Bogen
Ragt als Leuchtthurm drüber vor..."
(Joseph Victor von Scheffel, Wartburg-Heimweh)

Das Johannisthal vor der Wartburg, kolorierte und lavierte Radierung von Georg Melchior Kraus, um 1800

Viele Wanderwege führen in verträglichen Windungen rund um die Wartburg. Alte Flurnamen, wie der „rote Weg" oder der „kleine Hollunder", der „Wanderkopf" oder die „Wacholdergräben" westlich des Burgberges sind zwar nur den Einheimischen geläufig, versprechen jedoch jedem Naturfreund faszinierende Ausblicke.

Die Wartburg über dem Helltal, Aquarell von Carl Hummel, um 1870

Die Morgennebel sinken in die umliegenden Täler und Gründe und der Frühaufsteher kann mit etwas Glück das gleiche Naturschauspiel erleben, das Goethe einst beschrieb: „Philipp weckte mich und hieß mich ans Fenster gehen. Es lagen unten alle Thäler im gleichen Nebel und es war völlig See, wo die vielen Gebirge als Ufer hervorsahen..."

Die Wartburg von Südosten, Gemälde von Friedrich Preller d. Ä., Öl auf Leinwand, um 1845

Geologisch interessant sind die vielgestaltigen Felsbildungen und -klüfte der Umgebung. Neben der Drachenschlucht, einer beeindruckenden Klamm, die zur Hohen Sonne führt, zeigt sich die Landgrafenschlucht breiter und lichter. Hier, so erzählt die Sage, soll sich Friedrich der Freidige mit seinem Gefolge zum Anschlag gegen den Vater, Albrecht den Entarteten, gerüstet haben, um den Familienbesitz Wartburg vor dessen Leichtsinn zu retten.

Nördlich unterhalb der Wartburg liegt der Elisabethbrunnen. Die Quelle bezeichnet den ehemaligen Standort des von ihr im Jahre 1226 gegründeten Siechenhauses. An der gleichen Stelle bestand bis in das 16. Jahrhundert ein kleines Franziskanerkloster, in dem auch Reliquien der heiligen Landgräfin aufbewahrt wurden.

Die Westseite der Burg zeigt sich vor allem den Gästen des Wartburghotels und bietet durch ihr Fachwerk ein ganz anderes, ungewohntes Bild. Von links nach rechts reihen sich Vogtei, Wehrgang und Dirnitz aneinander.

„Auf des Berges Höhen
Da wohnten die Alten,
Die Alten, die Ritter des herrlichen Landes.
In Eisen gewaffnet,
Aus steinernen Burgen,
so schauten sie mutig zu Thale hernieder,
Wo rund die Wälder allgrün,
In Sonne und Nebel gekleidet,
aus tausend Röhren Erfrischung duften,
In ew'gem Sturme dumpfe Lieder rauschen
Fernher
Wie aus hohen Nordens dunkelm Geheimnis..."
(Friedrich von Schlegel, Bei der Wartburg)

Wer den steilen Wendelstein des Bergfriedes erklommen hat, dem erschließt sich der Einblick in die mittelalterliche Vorburg und den Innenhof des nordwestlich vorgelagerten Wartburghotels aus den Jahren 1912/14. Im Hintergrund wölbt sich das Felsmassiv des Metilsteins, der wie auch der Burgberg erst im 19. Jahrhundert aufgeforstet wurde.

„Der Morgen zeigte ein neues Schneechen von drei Zoll hoch, einem frisch angezogenem Hemde gleich. Möchten doch die Volants alsbald folgen, damit man endlich einmal Schlitten fahren könnte, ohne die Haut der Erde abzukratzen..."
(Aus dem Tagebuch des Burgkommandanten Bernhard von Arnswald, 1857)

Hinter den Zinnen der Wehrmauer findet die Melancholie des Winters ihre unendlich scheinende Grafik. Der Blick nach Süden reicht bis zu den Bergen der Rhön.

Das Burgtor hinter der Zugbrücke ist der einzige Zugang und hat sein altertümliches Aussehen über die Jahrhunderte kaum verändert. Der wuchtige Flügel aus Eichenholz ist durch das „Nadelöhr" unterbrochen – ein Pförtchen, das schon Martin Luther kannte. Sein Ausspruch, eher gelange ein Kamel durch ein Nadelöhr, als ein Reicher in den Himmel, geht vermutlich auf seine Ortskenntnis der Wartburg zurück.
Die Sandsteingewände der drei Torbögen, von denen eines der ältesten Bauzeit angehört, tragen die Spuren der „Fremden", die ihren Namen und das Datum ihres Besuchs hier verewigten.

Die düstere Tordurchfahrt entläßt in die Enge der Vorburg. Links erhebt sich über dem Fels die Ringmauer mit dem östlichen Wehrgang, rechterhand befinden sich die Kommandantendiele und die Vogtei, der sich das Taubenhaus und der westliche Gang anschließen.
Die gesamte Vorburg erhielt ihre jetzige Fachwerkgestalt in der Zeit um 1500, war im 12. Jahrhundert aber umfriedet und auch teilweise bebaut.

Vor- und Hofburg sind durch die Torhalle und die Dirnitz voneinander getrennt – beides historisierende Bauwerke des 19. Jahrhunderts. Es ist anzunehmen, daß die Höfe in ähnlicher Weise schon im Mittelalter begrenzt waren.

Als Überrest des in Nürnberg abgebrochenen Harsdörferschen Hauses gelangte um 1872 der „Nürnberger Erker" auf die Wartburg und ziert seitdem den Fachwerkgiebel der Vogtei. Der zierliche Bauteil mit seinen filigran wirkenden Kleeblatt- und Kielbögen ist zwar nicht „stilgerecht", verleiht dem schlichten Gebäude aber eine ganz eigene Anmut.

CARL GVSTAV
WRANGEL

Das im Kommandantengarten aufgestellte Falkonett, gegossen 1597 für Conrad Freiherr von Bemelburg, ist zugleich ein Zeugnis aus dem Dreißigjährigen Krieg.

Mit Hilfe von Knaggen – Holzkonsolen zur Unterstützung auskragender Balken – überbaute man im 15. Jahrhundert die ursprüngliche Ringmauer mit geschlossenen Wehrgängen.

In den Winkel zwischen Ritterhaus und Vogtei schmiegt sich die weinumwucherte Kommandantendiele, ein auf gewachsenem Fels liegender Anbau von altertümlichen Charme.

Einst wohl als Schützenerker angelegt, entfremdeten in friedlichen Zeiten die Eseltreiber das kleine Stübchen, um sich nach ihrem Marsch aus dem Tal auszuruhen. Ihnen und den grauen Vierbeinern oblag das mühselige Geschäft, die Burgbewohner mit Trinkwasser und Lebensmitteln zu versorgen.

Der östliche Wehrgang mit Schützenerker und Schießscharten behielt die „Patina" der Jahrhunderte.

Um 1865 entstand die weitläufige Torhalle im Stil der Neoromanik.

Der südliche Turm, auch „kleiner Bergfried" oder „Pulverturm", wird in das 14. Jahrhundert datiert. An dieser besonders gefährdeten Stelle dürfte jedoch schon zuvor ein ähnlicher Wehrbau erforderlich gewesen sein.

Als ein harmonisches Architekturensemble erscheint die östliche Seite der Hofburg mit dem spätromanischen Palas, dem Treppenhaus, dem Bergfried und der sich anschließenden Torhalle. Ihre unterschiedlichen Entstehungszeiten sind erst auf den zweiten Blick erkennbar, hielten sich die Architekten der Neuzeit doch weitgehend an die überkommenen Spuren des Mittelalters.
Über Resten von Bruchsteinmauerwerk seines Vorgängers erhebt sich seit 1857 der 30 Meter hohe Hauptturm. Zwei Jahre nach der Vollendung erhielt er das goldene Kreuz, das längst zum Wahrzeichen der Wartburg geworden ist.

Ein einzigartiges Zeugnis profaner Baukunst des 12. Jahrhunderts ist der Palas, der gegen die Regeln des Burgenbaus in vollkommener Freiheit seinen eigenen Gesetzen zu gehorchen scheint.
Die Ruinen von etwa zeitgleichen und einst so prachtvollen Pfalzbauten, wie sie in Gelnhausen, Wimpfen oder Eger zu finden sind, bestätigen dem repräsentativen Saalbau der Wartburg einmal mehr ein Höchstmaß an künstlerischer Reife.
Eingefaßt zwischen zwei Kuben von mauerhafter Geschlossenheit entfaltet der reich gegliederte Mittelteil eine bestechende Rhythmik. Der Dreiteilung des gesamten Baukörpers folgend, öffnen sich in jedem Geschoß wiederum drei Arkaden – ein Prinzip, das auch im Innern des Baues gilt.

Blick vom Südturm auf die Fassade des Palas, auf Bergfried und Torhalle
Die Zisterne im Vordergrund entstand vermutlich in frühester Zeit, denn die Wartburg besaß keinen Brunnen. Während das Trinkwasser aus dem Tal heraufgetragen wurde, sammelte sich in dem etwa 10 Meter tiefen Felsbecken das Brauchwasser.

Das Ritterbad entstand nach dem Vorbild des Friedberger Judenbades und wurde als letztes historistisches Bauwerk 1890 vollendet.

Etwa aus der Zeit um 1200 stammt das von schwerem Wulst- und Kehlprofil eingefaßte Tympanon: Ein gedrungener Drache verschlingt einen Ritter mit Kettenhemd, Topfhelm und Adlerschild. Vom ursprünglichen Standort des Bogenfeldes ist nichts bekannt; es wäre aber über dem Eingang zu einer Kapelle vorstellbar, wo es als Sinnbild an die Vergänglichkeit des Herrschers gemahnt haben könnte.

Der hochaufragende Südgiebel des Palas wird seit Mitte des 19. Jahrhunderts von der Sandsteinskulptur eines Löwen bekrönt – das Wappentier der Thüringer Landgrafen. Der Anbau des historistischen Ritterbades folgte den Archivalien, in denen von einer Back- und Badestube die Rede ist, die sich an etwa gleicher Stelle befand.

Der Rittersaal – der nördliche Erdgeschoßraum des Palas – diente angesichts seiner repräsentativen Gestalt gewiß herrschaftlichen Wohnzwecken. Die Last des Kreuzgewölbes wird durch breite Gurte auf vier ornamentierte Konsolen, vor allem aber auf die gedrungene Mittelsäule geleitet. Mit ihrer betont breiten Basis und dem kräftigen Adlerkapitell strahlt sie eine unerschütterliche Sicherheit aus.

Die Ausstellung von Urkunden und die Münzprägung begannen unter Landgraf Ludwig II. zu einer regelmäßigen Praxis zu werden. Die ältesten Reiterbrakteaten der Ludowinger wurden um 1150 in Umlauf gesetzt.

Eine Alltagsszene schmückt das Doppelkapitell, in dem man die Darstellung der „Eifersucht" sieht. Ein Paar, die Köpfe einander zugeneigt, wird durch den ausgeschlossenen Dritten bedrängt. Besessen vom Dämon der Eifersucht, der ihm heftig zusetzt, versucht er dem Rivalen die Mütze vom Kopf zu reißen, um sich Gehör zu verschaffen.

Die tonnenüberwölbte Innentreppe verbindet das Erdgeschoß mit dem Sängersaal und gehört der Erbauungszeit des Palas an.

Doppelkapitell am Kamin im Speisesaal

Zwischen dem gewölbten Rittersaal und seiner architektonischen Spiegelung – der Elisabethkemenate – liegt der Speisesaal. Vermutlich trifft diese moderne Bezeichnung auf die einstige Funktion des zentralen Raumes auch weitgehend zu.
Mehrfache dendrochronologische Untersuchungen der eichenen Deckenbalken konkretisierten den Baubeginn des Palas auf um 1155.

Die Elisabethkemenate – in alten Beschreibungen des 17. Jahrhunderts bereits „Fräulein Elisabeth Caminstuben" genannt – könnte analog zum Rittersaal, dem Gemach des Burgherrn, der Aufenthaltsort der Herrin des Hauses gewesen sein. Auf die gehobene Bestimmung weist auch das meisterhafte Kapitell mit seinen herabstoßenden Adlern.
Das prächtige Glasmosaik – nach Entwürfen von August Oetken zwischen 1902 und 1906 eingefügt – zeigt Szenarien aus dem Leben der heiligen Elisabeth, hier die „Verlobung" des jungen Landgrafensohnes mit der ungarischen Prinzessin.

FRIDERICVS

Die eigentliche Grundform des Kelchs, der über dem runden Säulenschaft aufwächst und im quadratischen Block endet, ist an einigen Doppelkapitellen des Palas nur noch zu erahnen. Ein Beispiel an der Südwand der Erdgeschoßarkade wirkt in der plastischen Gestaltung seiner Schauseite wie ein Hochrelief in strenger Symmetrie.

Der für die Romanik typische Stützenwechsel findet im Arkadengang des Erdgeschosses eine geradezu „musische" Variation von Pfeilern, Doppel- und Einzelsäulen.

Die Malerei an der Nordwand der Kapelle entstand etwa um 1320. Das erhaltene Fragment früherer Ausmalung des Raumes zeigt wahrscheinlich sechs Apostel, die von Spruchbändern umrahmt waren. Lediglich Petrus mit seinem Attribut des Schlüssels ist exakt zu deuten.

Zu Beginn des 14. Jahrhunderts, wohl nach einem Brand, der eine vorherige, nicht näher bekannte Kapelle außerhalb des Palas zerstörte, ließ Landgraf Friedrich der Freidige diesen Sakralraum in das erste Obergeschoß des Palas einfügen. Der angrenzende Sängersaal büßte dabei ein Drittel seiner ursprünglichen Größe ein. Renaissance, Barock und Historismus gaben der Palaskapelle jeweils ihr Gesicht, während die heutige schlichte Ausstattung dem gotischen Erscheinungsbild vermutlich am nächsten kommt.

Das südliche Zwillingsfenster der Kapelle ist mit einem besonders beeindruckenden Doppelkapitell geschmückt. Was zunächst als verwirrende Verflechtung von Menschen- und Tierleibern erscheint, ist die künstlerische Umsetzung des Schlangenbändigermotivs. Uralter, orientalischer Ornamentik entsprungen, symbolisiert die Darstellung den immerwährenden Kampf zwischen Gut und Böse.

Im Arkadengang des ersten Obergeschoß malte Moritz von Schwind 1854 die Vita der heiligen Elisabeth
Die Ankunft der Vierjährigen auf der Wartburg

Die Legende des Rosenwunders

IN DIESEM SAALE WURDE DER SÄNGER
DEM GEBURTSTAG DER

Elisabeths Abschied von ihrem Gemahl Ludwig, der mit seinem Gefolge zum Kreuzzug aufbricht und stirbt

Die junge Witwe verläßt mit ihren Kindern die Wartburg

Das Sterbelager in Marburg

Die feierliche Beisetzung der Heiliggesprochenen am 1.

Der Sängerkrieg auf der Wartburg,
Fresko von Moritz von Schwind, 1854

Der imposante Drache des Bildhauers Konrad Knoll bewacht seit 1860 die alte Innentreppe des Palas.

Der „Minnesängerschrank", entworfen vom Wartburgarchitekten Hugo von Ritgen, entstand um 1860. Die Rundbogentüren über dem mit Blattornamentik verzierten Unterteil bemalte Rudolf Hofmann mit Adaptionen zu „Tristan und Isolde", „Parzifal" und dem Nibelungenlied. Der romanisierende Schrank gehört zu den eigens für die Einrichtung der Wartburg geschaffenen Möbeln und gilt darüber hinaus als eines der qualitätvollsten Stücke des historistischen Kunstschaffens überhaupt.

Die Sängerlaube, eine Art Bühnenkulisse an der Nordwand des Sängersaales, ist phantasievolle Zutat des 19. Jahrhunderts. Der Kölner Historienmaler Michael Welter dekorierte sie 1857 nach Entwürfen von Rudolf Hofmann. Die teppichartig bemalte Rückwand gliedert sich in drei Felder und gibt inmitten reicher Verzierungen Verse aus der Großen Heidelberger Liederhandschrift wieder. Das zentrale Thema ist die Dichtung vom Sängerkrieg.

Mit dem Sängersaal setzte die Romantik des 19. Jahrhunderts der Sage ein eindrucksvolles Denkmal. Moritz von Schwind setzte das dramatische Geschehen des „Sängerkriegs" in die historisierende Kulisse des Raumes und suggerierte damit eine fast überzeugende Authentizität.

VIGILANDO ASCENDIMUS

in lüften noch ûf erden, noch in allen grüenen ouwen.
Liljen unde rôsen bluomen, swâ die liuhten
meien touwen dur daz gras, und kleiner vogele sanc
daz ist gein solher wünnebernden fröide kranc,
swâ man ein schoene frouwen siht. Daz kan trüeben muot erfiuhten,
und leschet allez trûren an der selben stunt
sô lieblich lachet in liebe ir süezer rôter munt,
und strâle ûz spilnden ougen schiezet in mannes herzen grunt.
Der lantgrâfe ist so gemuot,
daz er mit stolze helden sine habe vertuot,
der iegeslicher wol ein kempfe waere,
mir ist sin hôhiu fuor wol kunt:
und gulte ein fuoder guoten wînes tûsent pfunt,
da stüende ouch niemer ritters becher laere
Her Heinrich von Ofterdingen.
Daz êrste singen hie nu tuot
Heinrich von Ofterdingen in des edeln fürsten dôn
von Düringelant der teilt uns ie sin guot
unde wir im gotes lôn.
der meister gat in kreizes zil
gein allen singern, die nu lebent, er ûfgeworfen hât
benennet er sin wette oder vil,
reht als ein kempfe er stât.
Her Wolfram von Eschenbach
Ich enruoch wiez ôsteru, western stât,
wie ieglich stern nach sinem cirkel gat:
der si geschuof, der hât ir ganc vereinet.
Planeten kraft, der sterne louf des firmamentum klingen.
ich weiz, der alle dinc vermac,
der hât gezirkelt beideu naht und ouch den tac
der mac ein drie wol zeim esse bringen.
Der tugenthafte Schriber.
Noch weiz ich wol, wâ triuwe lebet,
mit wârheit unt mit allem ir gesinde,
darnâch min gemüete strebet,
dâ wil ich hin, dâ ich den hof sô wünneclichen vinde.
Her Biterolf.
Ich Biterolf muoz iezunt dar,
der zorn wil lenger swigen niht; her schriber daget mir.
ein kater dûhte sich sô zart,
daz er die sunnen wolde vrîjen, sô si früeye ûf gienc,
unt nam doch sît nâch siner rehten art,
ein tier daz miuse vienc.
Her Reinmâr von Zweter.
Dem Grâl ich wol gelichen wil
ein reinez wîp: der kiusche reichet wol des Grâles zil
diu sich vor valsche vrît diu wirt gezieret wol nach der wisen lobe
Will ieman nach dem niuwen Grâle striten,
der sol sin kiusche milde z allen ziten,
als alle die dis Grâles pflâgen
unt noch vil guoter vrouwen pflegen
wirt in ein reines wibes segen,
si werdent vri vor schanden und ihr mâgen.

Nun walte Gott ob den geschmückten Räumen
Und schirme, den die Burg als Herrn verehrt:
Viel gutes Tagwerk und viel süßes Träumen
Sei ihm und all den Seinen drin bescheert.
Der Meister giebt die Schlüssel aus den Händen,
Ihn lobt sein Werk, er selber zieht davon;
Als Mann der Jugend Kunsttraum zu vollenden
Ward ihm verliehn zu bestem Arbeitslohn.
Im Grundstein seines Baues ruht ein Segen:
Heil ihm und Bewohnern allerwegen!

(Aus: Joseph Victor v. Scheffel, „Der Bauleute Sang nach Vollendung des Landgrafenhauses")

Das Kapitell der Mittelsäule im Landgrafenzimmer nimmt in der Bauplastik des Palas eine Spitzenposition ein. Voll lebendiger Dynamik verbeißen sich die Adler in den seilartig gestalteten Schaftring und umkleiden dabei fast frei die Kanten des Kelchblocks mit seinem floralen Schmuckwerk.

Unter Ludwig II., der etwa elfjährig an die Macht kam, sollen die Mißstände im Lande überhand genommen haben. Ein Schmied aus Ruhla, bei dem der junge Landgraf während der Jagd ein Nachtquartier erbat, soll – so die Sage – die günstige Gelegenheit genutzt haben. Ohne seine Arbeit zu unterbrechen beklagte er bis zum Morgenrot die Willkür der Vögte und das harte Los der Bauern und wünschte dabei laut, der Landesherr möge endlich die Zügel straffen und mit harter Hand Zucht und Ordnung wiederherstellen. Nach dieser Lektion, heißt es weiter, sei Ludwig am nächsten Morgen geläutert davongeritten, habe die übermütigen Edlen für ihre Untaten bestraft und von nun an gut und gerecht regiert.

Man darf im Landgrafenzimmer wohl zu Recht den Ort herrschaftspolitischen Handelns der Ludowinger vermuten. Die mit vier Löwen verzierte Säulenbasis erinnert an ihr Wappentier, die Lage des Raumes hebt ihn durch seine ursprüngliche Erreichbarkeit vor anderen hervor.
Der Bilderfries von Moritz von Schwind illustriert die bekanntesten Sagen der Thüringer Landgrafen in volkstümlicher Frische und ohne historistisches Pathos. Zum Interieur gehört der Schenkschrank nach einem Entwurf Hugo von Ritgens.

Der Festsaal im zweiten Obergeschoß gilt als eines der brilliantesten Beispiele historistischer Kunstauffassung und Raumdekoration des 19. Jahrhunderts. Die Thematik der bildnerischen Ausstattung – der Triumph des Christentums über die heidnische Welt – lehnt sich an die idealisierte Vorstellung vom religiösen Mittelalter und seinen Kreuzzügen an.

Der über 30 Meter lange Saal aus dem 12. Jahrhundert verfügt über die Seltenheit von drei Kaminen an der Ostwand, während ihm an der Westseite ein Arkadengang mit drei Zugängen vorgelagert ist.
Die Fahne der Urburschenschaft erinnert an das Wartburgfest im Jahre 1817, der ersten bürgerlich-nationale Willenskundgebung der akademischen Jugend Deutschlands.

Westseite des Festsaals mit Haupteingang

Am Südgiebel des Festsaales verherrlichte der Historienmaler Michael Welter – wohl auf der Grundlage der Reinhardsbrunner Geschichtswerke des späten 12. Jahrhunderts – die legendäre Herkunft der Ludowinger, die sich als Nachfahren Karls des Großen sahen. Dieser steht mit Schwert und Reichsapfel in der Mitte, Ludwig mit dem Barte, der „Stammvater" der Thüringer Landgrafen, ist links, der Gründer der Wartburg, Ludwig der Springer, rechts dargestellt.

VDEWIC·I·
LVDEWIC·II·

Die reich verzierten Deckenbinder, von Konrad Knoll um 1860 geschaffen, sind dem programmatischen Bildprogramm des Festsaals größtenteils eingegliedert.

Der heilige Georg im Kampf mit dem Drachen

Skulptur Hugo von Ritgens in der Tracht des mittelalterlichen Baumeisters, auf seiner Linken das Modell der Wartburg

Wolf und Hexe aus den nordischen Göttersagen der „Edda" fliehen vor der Macht des Christentums zum Scheiterhaufen Baldurs.

Seitenwangen der Festsaalbänke

Die Ideale der Romantik erfüllten seit dem Ende des 17. Jahrhunderts die Wartburg. Umwoben von einer Aura aus Historie und Sage waren die übriggebliebenen Gebäude, darunter der entstellte Palas, reparaturbedürftig und vielfach sogar einsturzgefährdet. Zwar geleitete man die Fremden auch ins Innere und zeigte allerhand zweifelhafte „Merkwürdigkeiten"; auf einen gewachsenen Inventarbestand konnte man aber nicht verweisen, noch viel weniger auf Kunstwerke von Wert. Den zaghaften Anfang einer Sammlung mag man in der Überführung der kostbarsten Weimarer Zeughausbestände sehen, die 1801 im Palas – und dann an wechselnden Standorten – aufgebaut wurden. Auch Goethes Plan der musealen Auszierung verschiedener Räume war eine Station auf dem Weg zum modernen Museum.

Die Sammelleidenschaft setzte jedoch erst ein, als die Restaurierung des Palas bereits begonnen hatte. Die „Messersammlung" – prachtvolle Bestecke aus vier Jahrhunderten –, die Porträts der Luther-Eltern von Cranach d. Ä. oder der Dürerschrank gehören zu frühesten Erwerbungen in den 1840er Jahren. Bis zur Jahrhundertwende waren alle Räume eingerichtet und enthielten bemerkenswerte Kostbarkeiten. Burghauptmann Hans Lucas von Cranach, ein Nachfahre des berühmten Renaissancemalers, räumte der 1921 gegründeten Wartburg-Stiftung testamentarisch das Vorkaufsrecht weiterer Cranach-Gemälde ein.

Die kontinuierlich fortgeführte Sammlung befindet sich heute zumTeil im Museum oder wird in wechselnden Sonderausstellungen gezeigt.

Schmuckschrank, Wenzel Jamnitzer, Nürnberg, 1575

Kabinettscheibe mit Darstellung der Schweizerkriege von Jörg Breu und Hans Knoder, Silber-Gelb-Ätze, um 1515

Prunkharnisch, um 1600, Eisen, vergoldet und versilbert, Samt, Leder

Romanisches Aquamanile, niedersächsisch, 1. Hälfte 12. Jahrhundert, Gelbguß

Handwaschschale, Limoges, 1. Viertel 13. Jahrhundert, Kupfer, Grubenschmelz

Glasmalerei mit der Darstellung der heiligen Barbara, thüringisch, 1475

Reliquienkasten, Limoges, 1. Viertel 13. Jahrhundert, Holz, Kupfer, Grubenschmelz

Quinterne, Hans Ott,
um 1450, Ahorn und Fichte

Sogenannte „Wartburgharfe", alpenländisch,
nach 1450, Ahorn, Certosina-Mosaik

nun herr der
sagent dein vatter

Elisabeth-Teppich, Basel, um 1480/90, gefärbte Wolle und Leinen

Wandbehang mit sechs symbolischen Tieren – Detail mit Greif und Einhorn, Basel, um 1440, Wolle gefärbt

Leuchterengel, Werkstatt Tilmann Riemenschneiders, um 1510, Lindenholz

Junge Mutter mit Kind, Lucas Cranach d. Ä., um 1525, Öl auf Holz

Madonna mit der Weintraube, Lucas Cranach d. Ä., um 1537, Öl auf Hol

Apoll und Diana

Der große Herkules

Die vier Hexen

Die Satyrfamilie

Sogenannter „Dürerschrank", fränkisch, um 1515, Linde, Kirsche und Esche.
Dem anonymen Meister dienten sieben Kupferstiche Albrecht Dürers, ein Holzschnitt Lucas Cranachs d. Ä. und vier Plakettenentwürfe des italienischen Goldschmieds Moderno als Vorlagen für die Reliefschnitzereien der Türfüllungen.

Blick vom „Schweizer Zimmer“ in die Ausstellung der Bestecke

Das Studierstübchen des Humanisten Willibald Pirckheimers – eines Zeitgenossen Martin Luthers – hatte seinen angestammten Platz in dem alten Nürnberger Patrizierhaus seiner Schwiegereltern Imhoff. Nach dessen Abriß wurde es 1863 für die Wartburg angekauft.

Martin Luthers Eltern Hans und Margarethe,
Lucas Cranach d. Ä., 1527, Öl auf Holz

ANNO · 1531 · AM · 30 · TAG · IVNY · IST · MARG
ARETA LVTERIND · MA RTINVS · MVTTER
· INN · GOTT · · VERSCHIEDEN ·

Im Besitz der Wartburg befindet sich heute eine Vollbibel, gedruckt 1541 bei Hans Lufft in Wittenberg, die Luther gehörte und in der er handschriftliche Eintragungen und Korrekturen vornahm.

Hochzeitsbilder von Martin und Katharina Luther,
Lucas Cranach d. Ä. /Werkstatt, 1526, Öl auf Holz

Die Lutherstube, eigentlich eines der früheren Kavaliersgefängnisse auf der Wartburg, diente dem kurfürstlichen Schutzbefohlenen für zehn Monate als Wohn- und Arbeitsstätte. Mit Ausnahme des Walwirbels hat sich vom einstigen Interieur nichts erhalten; der Raum selbst bewahrte jedoch sein mittelalterliches Gepräge und wurde schon im ausgehenden 16. Jahrhundert zum Wallfahrtsort.

Zahlreiche Inschriften finden sich auf den bohlenverschalten Wänden; die Legende vom Tintenfleck ermunterte manchen Pilger zur Mitnahme eines gefärbten Wandpartikels als „Souvenir".

Luther auf dem Reichstag in Worms, Paul Thumann, 1872, Öl auf Leinwand

Luthers Ankunft auf der Wartburg am 4. Mai 1521, Paul Thumann, 1872, Öl auf Leinwand

Die drei „Reformationszimmer" hinter der Lutherstube – eine historisierende Gedenkstätte mit 18 Auftragswerken der Weimarer Malerschule – wurden in den 1950er Jahren zugunsten der umfangreichen Bibliothek aufgegeben.

Luthergang in der Vogtei

Sogenannte „Rosentür" zum Luthergang, angekauft in der 2. Hälfte des 19. Jahrhunderts aus Schwäbisch Hall

Das war ein Herbst voll Pracht und Klang
Und kunstverklärter Stunden,
O! Wohl mir, der ich hier so lang
Ein gastlich Dach gefunden.
Schon jagt der Winterwind im Land
Das Laub von allen Bäumen,
Schon glänzt im Schnee der Höhen Rand
O! Berg ich muß dich räumen!
Doch heut' wie morgen, nah und weit
Schlägt Dir mein Herz in Treuen:
Du fröhlige, selige Wartburgszeit
Wann wirst Du Dich erneuen?

(Seinem Freunde dem Commandanten Bernhard von Arnswald
auf Wiedersehen! J. V. Scheffel)

Treppenfenster an der Kommandantendiele

Literaturverzeichnis

Albrecht, Wolfgang: Hier wohn' ich nun, Liebste. Die Wartburg in Literatur und Kunst von Goethe bis Wagner 1749–1849. Stiftung Wartburg, Eisenach 1986

Asche, Sigfried: Die Wartburg. Dresden 1955

Badstübner, Ernst: Die Wartburg – Burg und Landschaft. In: Forschungen zu Burgen und Schlössern, Bd. 1. München, Berlin 1994

Baumgärtel, Max (Hrsg.): Die Wartburg. Ein Denkmal deutscher Geschichte und Kunst. Berlin 1907

Bräuner, Rolf: Der Helden minne, triuwe und ?re. Literaturgeschichte der mittelhochdeutschen Blütezeit. Berlin 1990

Brunos Buch der sächsischen Könige. Übers.: Wilhelm Wattenbach, Hrsg.: Alexander Heine. Essen, Stuttgart 1986

Gablentz, Hans v. d.: Die Wartburg. München 1931

Geschichte Thüringens. Hrsg.: Hans Patze, Walter Schlesinger. 1.–6. Bd. Köln, Wien 1968–79

Hennig, Lothar: Die Andechs-Meranier in Franken. Europäisches Fürstentum im Mittelalter. Katalog zur Ausstellung in Bamberg vom 19. Juni bis 30. September 1998

Köthe, Karl: Martin Luther und die Luthergedenkstätten in und um Eisenach. Kleine Schriftenreihe der Wartburg-Stiftung. Leipzig 1994

Krauß, Jutta: Die Wiederherstellung der Wartburg im 19. Jahrhundert. Kleine Schriftenreihe der Wartburg-Stiftung 1. Eisenach 1990

Lehfeld, Paul/Voß, Georg: Bau- und Kunstdenkmäler Thüringens. Heft 41, Amtsbezirk Eisenach. Die Wartburg. Jena 1917

Lemmer, Manfred: Der Dürnge bluome schînet dur den snê. Thüringen und die deutsche Literatur des hohen Mittelalters. Wartburg-Stiftung Eisenach 1981

Rothe, Johannes: Düringische Chronik. Hrsg.: Rochus v. Liliencron. Jena 1859

Schmolitzky, Oskar: Das Fachwerk der wartburg. In: Deutsches Jahrbuch für Volkskunde, 10. 1964

Schuchardt, Günter: Welterbe Wartburg. Burgenführer der Wartburg-Gesellschaft, Bd. 4. Regensburg 2000

Schwarz, Hilmar: Die Ludowinger. Aufstieg und Fall des ersten thüringischen Landgrafengeschlechts. Kleine Schriftenreihe der Wartburg-Stiftung. Eisenach 1993

Schwarz, Hilmar: Die Wettiner des Mittelalters und ihre Bedeutung für Thüringen. Die kleine Schriftenreihe der Wartburg-Stiftung. Leipzig 1994

Strickhaus, Gerd: Burgen der Ludowinger in Thüringen, Hessen und dem Rheinland. In: Quellen und Forschungen zur hessischen Geschichte 109. Darmstadt, Marburg 1998

Wartburg-Jahrbuch 1923–1938. Erneut seit 1992

Zeune, Joachim: Burgen – Symbole der Macht. Ein neues Bild der mittelalterlichen Burg. Regensburg 1997

Würzburg, 17.7.2000